北朝鮮の人権問題にどう向きあうか

小川晴久
Haruhisa Ogawa

大月書店

目次

補論

資料

はじめに

▒北朝鮮の強制収容所

いま世界で最も悲惨な立場に置かれ、最も助けを必要としているのは、北朝鮮（朝鮮民主主義人民共和国）の山の中の、5つはあるという強制収容所に閉じ込められている人々である。

外部から完全に遮断された広大な区域の中で、合計15万人前後とも推定される人々が、飢餓のなか、炭鉱・木材伐採《ばっさい》などでの苛酷な労働を強いられている。ほとんどの場合、釈放される可能性はなく、死ぬまで働かされる。

公民権を剥奪《はくだつ》されているので人間扱いされず、「人間のクズ」と見なされて激しい拷問を受け、人間の尊厳が一切踏みにじられている。

「逃走の禁止」「3人以上集まることの禁止」「盗みの禁止」「保衛指導員への絶対服従」といった厳しい規則があり、違反した者はその場で銃殺されるか、他の収容者たちの前で

「見せしめ」として処刑される。収容者どうしで監視しあい、規則違反の者を見つけたら密告するよう、当局から命令されている。

何の罪もない人々が、ただ金日成《キムイルソン》一族の独裁体制に従順でないと見なされただけで、本人だけでなくその家族まで、このような強制収容所に入れられるのである。

強制収容所を体験した脱北者（北朝鮮から脱出した人々）のいくつもの手記や証言、収容所を撮影した人工衛星写真などによって、収容所の存在は明白になった。にもかかわらず北朝鮮当局は、「わが国には政治犯という言葉はない、したがって政治犯収容所は存在しない」と言い張り、国際機関による調査も拒みつづけている。

日本から飛行機でわずか3時間ほどの距離の地で、このようなひどい人権侵害がまかり通っていることに、日本の人々はもっと目を開かなくてはならない。北朝鮮の人々は、助けを求めたり批判の声をあげたりすれば、この強制収容所に送り込まれてしまう。外の世界にいる私たちが、収容所廃絶を求めて立ち上がるしかないのである。

■北朝鮮の人権問題にとりくんできた経緯

私が北朝鮮の人権問題と出会ったのは、今から21年前の夏、１９９３年8月22日であった。ある証言集会に招かれ、東京都内の焼肉屋で、店主のおばさん（在日朝鮮人）から、北朝鮮に恐ろしい強制収容所があることを教えられた。

おばさんの息子たちは今から50数年前、帰国事業（本文で解説）で日本から北朝鮮に渡った。その後、息子３人とも強制収容所に入れられ、うち１人は抗議したため殴り殺されてしまったというのである。

おばさんがその事実を知ったのは、北朝鮮への家族訪問が１９７９年から許されるようになった2年後であった。日本に帰っても、社会にそれを訴えることはできなかった。他の息子たちが北朝鮮におり、報復として彼らまで収容所に入れられる恐れがあるからである。10数年我慢して、ついに私たちに密かに教えてくれたのである。

ならば私たちが代わりに訴えるしかないと考え、仲間と一緒に１９９４年に「北朝鮮帰国者の生命《いのち》と人権を守る会」というＮＧＯを立ち上げた。私は、とりわけ強制収容所の実態にショックを受けたので、主にその問題にとりくんできた。２００８年には、強制収容所廃絶に目的を絞ったＮＧＯが必要と考え、ＮＯ　ＦＥＮＣＥ（北朝鮮の強制収容所をなくすアクションの会）を仲間と共につくり、現在まで活動している。そのなかで、強制収容所の体験者を含む多くの脱北者や、北朝鮮の人権問題にとりくむ世界の活動家たちに出会い、たくさんのことを学んだ。

もともと私は学生時代、60年安保闘争を通してマルクス主義に出会い、当時マルクス・レーニン主義を掲げていた北朝鮮で出版された『朝鮮哲学史』（1960年）を読んで、「朝鮮実学」という思想に魅せられた。その後、大学の教師となり、韓国にも留学して、中国、朝鮮、日本の思想史の研究に従事した。特に18世紀以降の、朝鮮のすばらしい思想と文化を紹介してきた。

こういう経歴をもっているので、北朝鮮に恐ろしい強制収容所があると知ったことの衝撃は大きかった。かつて北朝鮮を支持していた者としての責任意識もあって、21年間、強制収容所廃絶運動にとりくんできたのである。

■人権を大事にする人たちに

その活動を進めるなかで、私がとても残念に思ってきたことがある。日本で人権・平和・民主主義を愛し求めている人々、つまりリベラルや左翼の人々の多くが、北朝鮮の人権問題に対しては関心が低く、とりくみが弱いことである。こうした人々が北朝鮮の人権のためにもっと行動していれば、事態は違っていたかもしれない。

日本で人権を大事にしている人々の多くが、北朝鮮の人権問題に対して消極的である理由は、いろいろ考えられる。

（1）日本がかつて朝鮮を植民地支配したことの清算が果たされていないことから、まずは北朝鮮への謝罪・賠償と国交回復が最優先であると考えられ、結果として北朝鮮の人権問題が棚上げされてしまった。

（2）特に北朝鮮当局が日本人拉致を認めた2002年以降、在日朝鮮人に対するいわれのないバッシングや、北朝鮮社会を嘲笑する興味本位の報道などが横行している。そのため、まともな人権感覚をもった人々は、北朝鮮を批判することがそうしたバッシングへの加担になると感じて、沈黙してしまった。

（3）2002年にアメリカのジョージ・ブッシュ大統領が、イラクとともに北朝鮮を「悪の枢軸《すうじく》」と名指しした。そのこともあって、欧米や日本が北朝鮮の体制を批判することが、イラク戦争（2003年）の経緯とダブって見え、戦争愛好勢力を励ましアジアの平和を脅《おびや》かす介入につながるのではないかと警戒する。

（4）アメリカの圧倒的な軍事力と核保有を問題にする立場からは、北朝鮮の核・ミサイル開発や軍事化（先軍政治）は、アメリカの脅威に対抗するためのものであり、やむをえないとされる。北朝鮮の体制をどうこう言う前に、まずアメリカ（とその同盟国・日本）が軍事力を削減し、北朝鮮への敵視をやめよという主張である。かつて韓国の軍事独裁体制（アメリカと同盟関係）を懸命に批判していた者でも、北朝鮮の軍事独裁体制を批判することに後ろ向きであることが多いのは、このためとも考えられる。

私がまず言いたいのは、北朝鮮の人々が置かれている人権状況、特に強制収容所の実態をとにかく知ってほしいということである。実態を知れば、強制収容所を一刻も早くなくさねばならないとわかるはずである。

そのうえで、右記（1）～（4）について次のように応えたい。

（1）私は戦前・戦中の日本による朝鮮支配を反省する者である。そのことと、北朝鮮の人権問題にとりくむこととは、私にとって一体である。

私が謝罪し友好を乞《こ》いたいのは、北朝鮮の民衆に対してである。その北朝鮮の民衆を、今この瞬間にも苦しめている金《キム》一族の強制収容所体制を、もし見て見ぬふりをするなら、戦前・戦中の日本による朝鮮支配を「反省する」などと言っても、半分の反省にしかならない。本書巻末に収めた反省声明をご覧いただきたい（補論6「日韓『併合』100年に際しての日本民衆側反省声明」）。

（2）北朝鮮の国家による人道犯罪を批判することが、朝鮮人バッシングでないことは言うまでもない。在日朝鮮人の多くも、北朝鮮の現状に胸を痛めているはずである。

家族が北朝鮮に渡ったままの在日朝鮮人もいる。北朝鮮から、やむなく家族を北朝鮮に残したまま脱北し、日本に暮らしている人もいる。その人たちのいちばんの願いは何であるか、想像してほしい。

（3）強制収容所をはじめとする北朝鮮の人道犯罪は、国家の手によるものである。北朝鮮の民衆は、すすんでこの国家を選んでいるのではない。幼い頃から洗脳され、批判する自由も脱出する自由も奪われているのである。北朝鮮国家の人道犯罪を止めるために介入するのは、外の世界の者の責任である。体制批判者が送り込まれる強制収容所の恐ろしさを思えば、北朝鮮の民衆のみに体制変革や収容所廃絶を期待するのは残酷である。

「平和」を、戦争に限らず広く「暴力のない状態」と捉えるならば、北朝鮮の強制収容所は、すでに平和と対極の状態にある。それが50年近くも続いている。アジアの平和を求める人々こそ、北朝鮮の強制収容所廃絶にとりくむべきと考えるのが自然である。

問題は、介入の仕方であろう。私は北朝鮮の人道犯罪を止めるために、日本国憲法（特に前文と第9条）の精神を生かして、軍事力によらない平和的な方法でとりくむべきだと考える。「核・ミサイルに対しては人権の思想で」が私の立場である。しかし、それは本当に可能かと問う人たちが増えている。人権の思想と実践で可能だと私は考える。

北朝鮮の核・ミサイル開発に対して日本の多くの人々が不安を感じているなかで、日本の平和勢力が、北朝鮮の体制とそれを支える強制収容所のことを傍観しつづけるならば、日本国憲法第9条の将来も危うい（本書第5章と補論7を参照）。

（4）アメリカの圧倒的な軍事力や核保有は批判されるべきだが、もしアメリカが北朝鮮を脅威と見なすのをやめて、軍事力を削減したとしても、北朝鮮当局がすすんで核・ミサイル開発を放棄し国内の人権侵害を改善するとはとうてい考えられない。北朝鮮当局は体制の維持・強化に執着しつづけるであろう。問題は、その体制が人々の人権を踏みにじっていることである。北朝鮮内部に人権の思想が広まり、人権状況が改善されることが、何より必要なのである。

私は以上のような立場で本書を書いた。くわしくは本文をお読みいただきたい。

私が求めているのはただ、北朝鮮の人権問題、とりわけ強制収容所問題について、もっと多くの人々に知っていただき、解決のためにとりくんでほしいという、それだけである。今からでも遅くない。平和と人権と民主主義を愛する人々に、とりわけそれを訴えたい。

■世界の動きは新たなステージに入った

北朝鮮の人権問題解決をめざす世界の動きは、この数年間に大きく進んだ。

２０１１年９月、ＩＣＮＫ（北朝鮮における「人道に対する罪」を止める国際ＮＧＯ連合）が、約40の団体・個人によって結成された。「アムネスティ・インターナショナル」、「ヒューマン・ライツ・ウォッチ」、「国際人権連盟」という世界の３大人権ＮＧＯが結束したのである。

日本からも、「北朝鮮帰国者の生命《いのち》と人権を守る会」、「北朝鮮難民救援基金」、「ＮＯ ＦＥＮＣＥ（北朝鮮の強制収容所をなくすアクションの会）」など多数の団体・個人が結集している。

そのＩＣＮＫによる各国政府への要請が実って、２０１３年３月に国連（国際連合）に、北朝鮮人権調査委員会が設置された。

そして、この調査委員会が２０１４年2月17日、詳細な報告書を公表した。この報告書は、ただの報告書ではない。世界人権宣言に則《のっと》って北朝鮮の人権侵害を全面的に明らかにし、国際社会に対して解決に向けたとりくみを勧告した画期的な報告書である。

この報告書は、強制収容所を含むさまざまな人権侵害が、国家の手による「人道に対する犯罪」であることを明確にした。その勧告にもとづいて、国連レベルで具体的な実践が進みつつある。

北朝鮮の人権改善を求める世界中のＮＧＯや研究機関による調査・分析の積み重ねが、この報告書に反映されている。北朝鮮人権改善運動の成果である。

本書の目的

本書は、この現状をふまえて、北朝鮮の人権問題、なかでもその根幹である強制収容所問題について、１人でも多くの人たちに知っていただき、その解決を訴えるために書かれた。

期せずして今年（２０１４年）、日朝協議合意にもとづき、拉致被害者など北朝鮮内の日本人についての特別調査が始まった。北朝鮮側の特別調査にだまされないためにも、この機会に北朝鮮社会の人権状況全体を知ろうではないか。本書第1章で紹介する国連の報告書（先ほど言及したもの）は、その全体を捉えている。

そのうえで、北朝鮮が全体主義国家になっていること、その支配手段が、一人支配、秘密警察、強制収容所であること、北朝鮮の人権抑圧の根幹に強制収容所があることを知ろう。北朝鮮の体制は、これら3つの手段で、すべての人々の生命を押さえ握っている。人々の生命を救うには、人権の思想しかない。そして人権の思想を私たちの内部から発動させるには、3つの支配手段、とりわけ強制収容所の実態を知ることだ。

本書は、人権が大事だと考えている人々にぜひ読んでいただきたい。人権の思想と行動で北朝鮮の人々の生命を救うためである。とりわけ強制収容所で、今、この瞬間にも死と直面している、無実の人々を救うために。

巻末の「補論と資料」には、私が今までに書いた文章のうち本書の内容に関わるもの8本と、2つの資料を収めた。真実がつかまれていると確信する。どこから読んでいただいてもかまわない。

第1章
北朝鮮の人権問題

２０１４年2月17日に公表された、国連の北朝鮮人権調査委員会報告書（以下、国連報告書）は、「主文」36頁と、「詳細な事実認定」３７２頁から成っている。(1)

国連報告書は、世界４か所（ソウル、東京、ロンドン、ワシントン）での公聴会（80人の証言）と、非公開のインタビュー（２４０人の証言）、調査委員会に寄せられた80種の文書報告にもとづいている。北朝鮮の強制収容所に入れられた体験をもつ人や、北朝鮮当局の役人だった人などを含む、多くの脱北者の、膨大で具体的な証言が、この報告書には反映されている。

この報告書で私が最も高く評価するのは、「詳細な事実認定」の第４章である。そこでは、北朝鮮でおこなわれている人権侵害が、６つの領域に分けて整理されている。

A　思想、表現、宗教の自由の侵害（国連報告書45〜74頁）

B　国家指定の社会階級（成分）、性、障害にもとづく差別（国連報告書74〜99頁）

C　移動と居住の自由（自国を離れる自由を含む）の侵害と、出身国への帰還の禁止（国連報告書99〜１４４頁）

D　食糧への権利の侵害と、生きる権利の関連する諸局面の侵害（国連報告書１４４〜２

08頁）

E　恣意《しい》的な拘留、拷問、処刑、強制失踪、および政治囚収容所（国連報告書208〜270頁）

F　拉致を含む、他の国々からの強制失踪（国連報告書270〜318頁）

以下、本章の第1〜6節は、国連報告書第4章のA〜Fの内容を、順に要約して紹介するものである。最後に第7節で、私自身による評価を示す。

1　思想、表現、宗教の自由の侵害

幼少期からの教化（洗脳）

北朝鮮では幼稚園から、金日成《キムイルソン》一族の業績、革命伝統、金日成への忠誠の教育が、大きな比重を占めている。子どもの理解力も、子どもが正常に発達するという子どもの権利も、無視されている。

北朝鮮の子どもたちと大学生たちは、政治的目的に奉仕するパレードや集団行進、集団パフォーマンスに参加することを義務づけられている。このマスゲームは、外国人観光客を目当てにした外貨獲得に利用されており、1人のミスもないように強いられる。たった1回のパフォーマンスのために、子どもでも1日に6～12時間のきつい訓練を強いられ、大学生も1日に10時間、半年も訓練する。義務教育期間や大学での貴重な勉強時間を大いに奪う単純労働訓練は、青少年の愚鈍化政策にも等しい。

訓練は、個々人の健康状態も無視した殺人的行為にもなる。医者にかかることを阻《はば》まれて死んだ子どもは、英雄として讃えられる。北朝鮮は、子どもの権利条約を批准しているにもかかわらず、子どもの権利を全く無視している。

朝鮮労働党（北朝鮮の独裁政党）の1974年の決定、「党の唯一思想体系確立の十大原則」（金正日《キムジョンイル》が書いたとされ、北朝鮮の事実上の憲法とも言われるほどの影響力を持つ。以下、「十大原則」。なお、2013年に改訂され、金日成の名とともに金正日の名も入った。――小川）の第4原則第5項は、すべての公民に「偉大な首領金日成同志の革命思想を学ぶ」「集団学習」に参加すること、「毎日2時間以上学習する規律を徹底的に打ち立て」ることを義務づけている。

金日成の思想を批判的に吟味することは、「反党的行為」として、一切禁じられている。しかも、大人はもちろん、子どもたちでも週に1度は、これらの義務を忠実に実行しているかを試す「告白と批判」の会（総和会。金日成の教えに照らして、自分や周りの人の生活態度や考え方を批判しあう集会）がもたれるのである。

■大衆組織への強制参加と政治宣伝

すべての子どもは7歳から13歳まで少年団に、14歳から30歳までは金日成社会主義青年同盟に、30歳以降は職業や成婚のいかんによって朝鮮職業総同盟、朝鮮民主女性同盟、農業勤労者同盟などの会員になる。死ぬまでどこかの組織に属していなければならない。

17歳以上の金日成社会主義青年同盟員は、公共物の建設作業にボランティアで参加することを求められる。朝鮮民主女性同盟員は、外貨獲得のため年間1グラムの金と2匹の野ウサギの皮、2匹の犬の皮の供出を求められる。

この国はどこに行っても金日成・金正日を讃える宣伝に満ち満ちており、莫大な国家予算がその宣伝費用に費やされる（3200の永生塔、400のモザイク壁画、高さ23メートルの金日成・金正日の銅像建設に合計2兆米ドル）。各家庭には少なくとも3枚の額縁肖像（金日成、金正日、2人の対談）の掲示が義務づけられ、破損すれば厳罰に処せられる。また各家庭には有線放送とチャンネル固定のラジオが置かれ、国家が容認した情報だけが放送される。有線放送を通じて、その地域の犯罪者の氏名と行為も放送される。

ラジオやテレビで金日成・金正日父子の名を読みあげるときには、威厳をもって読みあげなければならず、読みまちがいや言いよどみは厳罰となる。鉄道の車内放送で、電力供給が突然悪くなり、カセットテープがスローモーションになったとき、金父子の名がスローモーションになっても厳罰になる。放送員はすばやくカセットテープを抜き取らなければならない。

北朝鮮人民は幼いときから金一族を崇拝するように教えられ、国家イデオロギーを自分自身の思想と意識にするよう内面化させられているので、その全生活を通して、国家によって規制され、すみずみまで監視されているといえる。

■国家メディアによる情報管理と、外からの情報の禁止

北朝鮮の国内向けテレビチャンネルは、平壌《ピョンヤン》市民向けの教育文化テレビ、それ以外の住民向けの朝鮮中央テレビに限られている。直接的な政府宣伝だけでなく、歌やドラマの番

組もあるが、それらも国家への忠誠というメッセージを基調としている。

テレビを買うと、当局に登録して、許されるチャンネルしか見られないように設備措置を受けなければならない。携帯ラジオを持っている者はスパイと見なされる（1999年の金正日指示）。

北朝鮮には480の新聞があるというが、内容はどれも本質的には同じである。金日成の名前の印刷ミスは、6か月の労働教化刑（労働鍛錬《たんれん》隊行き）。外国に行ける通信員はごくわずかである。外国からの通信員が北朝鮮の一般市民と接するにも許可がいる。接触を許された一般人が語るのは、台本どおりの内容である。AP（アメリカの通信社）が2012年1月に、北朝鮮内で初めての西側世界の事務所を持ったが、AP記者が取材するときはすべて番人つきである。

200万人の市民がコンピュータにアクセスしているが、登録義務があり、すべて国家の規制を受けている。2013年12月の張成沢《チャンソンテク》氏の処刑後、朝鮮中央通信（国営の通信社）のウェブサイトから3万5000の記事が削除され、「労働新聞」（朝鮮労働党の機関紙）のウェブサイトから2万の項目が削除された。

近年、韓国の映画やテレビ番組を録画したDVDなどが密輸入されて、闇市場を通じて広がっているが、これらは厳重な取り締まりの対象である。韓国のドラマを見たり持っていたりすると、最低5年の労働教化刑。密輸入をした者は、教化所（刑務所）に送られたり、国家安全保衛部（秘密警察）に銃殺されることもある。

中国との国境付近では、密かに国際電話をかけるために、中国の会社の携帯電話が不法に使われはじめている。当局は新型の監視装置も用いて取り締まっており、不法使用者を労働鍛錬《たんれん》隊や教化所に送っている。

■監視と暴力による、表現の自由の抑圧

西側と韓国のポピュラー音楽は、すべて禁止されている。1899年以前に作曲されたクラシック音楽は演奏が許されるが、のちにアメリカに移住したラフマニノフの音楽は禁止されている。

自分の言いたいことが言えないという不満や抗議を表明すれば、強制収容所行きである。国家は、反国家・反革命と見なす感情表現を摘発するために、膨大な監視のしくみを打ち立てている。そのなかには、秘密密告者の大きなネットワークもあって、人々の生活のあらゆる面でそれが機能している。

加えて、監視組織として隣組（人民班）がある。人民班は、リーダーを持つ約20～40世帯からなる。リーダーは、近所での変わった動き（登録されていない訪問者がいるなど）を警察や保衛部に知らせるなどして、住民を監視するために選ばれている。時に村人たちは、隣人をスパイするよう保衛部から命令を受ける。人民班は、各家族の生活を細かく観察する。昼でも夜でも家庭を訪問する権限を与えられている。

■宗教の自由の否認

「十大原則」の第4原則は、金日成の革命思想をみずからの信念とせよ、金日成の教示をみずからの信条にせよと要求している。これを見れば、金日成主義は北朝鮮にあっては一種の宗教といえる。

したがってキリスト教や天道教のような宗教は、金日成主義にとって脅威であり、その撲滅《ぼくめつ》に国家安全保衛部は力をそそいできたし、取り締まりに習熟している。国家安全保衛部は、宗教信者が密かに集まる地下教会に潜伏して摘発するだけでなく、偽の地下教会をつくってまでして摘発する。かくて、1950年には人口の24％も宗教者がいたのに、2002年には0・16％に減っている（当局発表の数字）。それでも、脱北者が中国東北部にある韓国系の教会に接することなどを通じて、秘密のキリスト教信仰が北朝鮮内部に存在していると見られる。

北朝鮮の憲法第68条は信仰の自由を限定つきで認めているが、実質的には信仰の自由は存在しない。平壌にある国家公認の教会は、対外的な政治宣伝と外貨稼ぎに使われている。

2 「成分」、性、障害にもとづく差別

成分による差別

北朝鮮では、「成分《ソンブン》」という制度によって、人々が上の階級から下の階級まで生まれつき区別されている。

1957年3月30日の朝鮮労働党決定、「反革命的要素との闘いを全人民、全党の運動にするにあたって」によって、「核心階級」「動揺階級」「敵対階級」の3大階級制が始まった。そして、1966年に始まり1970年まで続いた住民の再登録事業で、3大階級51成分分類が完成した（別表を参照――小川）。

３大階級51成分分類の概要

３大階級	51成分分類	待　遇
核心階級（28%）	労働者、雇農（作男）、貧農、事務員、労働党員、革命遺家族、愛国烈士遺家族、8.15解放以後に教育を受けた知識人、朝鮮戦争での戦死者家族、軍人家族、負傷した退役軍人など12成分	●党、政府、軍幹部として登用 ●他階級と分離、特恵措置（進学、昇進、配給、居住、治療）
動揺階級（45%）	中小商人、手工業者、小工場主、下層接客業者、中産層接客業者、富農、民族資本家、越南者家族（第２、３分類）、中国帰還民、日本帰還民、8.15以前に教育を受けた知識人、接待婦および迷信崇拝者、儒学者と地方指導者、前科者（窃盗ほか）、ふしだらな者など18成分	●各種下級幹部と技術者として進出 ●一般的監視対象 ●忠誠心によって核心階級に昇格可能
敵対階級（27%）	8.15以後転落した労働者、富農、地主、親日・親米主義者、反動官僚群、天道教青友党員、入北者、プロテスタント信者、仏教信者、カトリック信者、党や職場から放逐された者、敵機関服務者、逮捕投獄者家族、スパイ関係者、反党反革命分子、処刑者家族、出所した政治犯、越南者家族（第１分類）、資本家など21成分	●重労働に従事 ●入学、進学、入党は不可 ●制裁・特殊監視の対象 制裁：強制移住、隔離収容 監視：常時動態監視

『北韓総覧（1993～2002）』北韓研究所（韓国）、2003年、274頁の表を参照して、著者（小川）が作成。

低い成分に属すると、どんなに能力があっても、労働党員や軍人になることはできず、大学に進学することも許されない。敵対階級として炭鉱地帯に移住させられた炭鉱労働者の子弟は、成分が低いため軍人になることも大学に行くことも許されず、結局、炭鉱で働くしかない。

核心階級の家族は赤い表紙の住民登録ファイルに、政治囚収容所に入った者がいる家族は黒い表紙の住民登録ファイルに分類されており、刑罰の程度も成分によって異なっていた。

各自の住民登録ファイルには、写真、祖父の名、本人の善行と悪行、本人の成分の分類番号などが記されている。住民登録ファイルは、本人の移動先（大学、職場ほか）にコピーが送られ、役人によって内容が増補されていく。原則として本人は、その内容を見ることができない。

個人の住民登録ファイルはあちこちにコピーが移動するため、行った先で賄賂《わいろ》を使って悪《あ》しき記述を消しても、元のファイルは残る。したがって低い成分の者は一生、それに縛られ、差別されることになる。

総じて、国家が定めた51の成分分類によって、北朝鮮社会は厳格な差別社会になってしまっている。地理的にも、核心階級が住む平壌を中心に、低い成分の者が住む地方・山間部へと行くほど生活条件が悪化していく。

女性差別

1946年男女平等法で出発した北朝鮮であったが、金日成の独裁体制が固まるにつれ、家父長的社会に戻った。職場でも、給料は男性優位になり、女性は締め出されていく。特に北朝鮮社会の徹底した軍事化が、性差別を助長していく。

職場から締め出された女性たちは、家族の食生活を守るために、闇市場に関わらざるをえなくなる。家族の生命を支えつつ、家庭内暴力にもさらされている。しかしそれをどこにも訴えることができない。

食糧を求めて脱北する女性への人権侵害については、次の節を参照。

障害者差別

障害者に対する偏見と差別は強い。平壌で生まれた障害者は、平壌で生きていくことは許されない。母親がその子を手放さないかぎり、その家族は平壌から地方に移住しなければならなくなる。

障害のある新生児が殺されたり捨てられたりしたとの証言も、多数ある。

障害者が生物化学兵器の生体実験に使われたという証言がある（咸鏡南道《ハムギョンナムド》の島にある第83病院で）。調査委員会は、現時点の情報では確証できないとして、その検証を将来の課題としている。

3　移動と居住の自由の侵害

■移動と居住の自由

北朝鮮は憲法第70条で、「公民は希望と能力によって職業を選ぶ」と保障しているが、実際には、国家が必要としている分野の工場や鉱山や建設に、グループとして動員され、働かされる。居住地も、成分の低い敵対階級に位置づけられた人々は、鉱山など地方の山間地に移住させられ、都市から追放される。平壌に住めるのは核心階級だけである。

政治犯と見なされた者は、罪が重い場合は家族ぐるみ強制収容所へ送られる。罪が軽い場合は家族ごと地方の山間部へ移住させられ、炭鉱などの危険な労働に従事させられる。

居住地を選ぶ自由がないだけでなく、国内の移動もいちいち許可がいる。平壌は「聖なる都市」とされ、地方から一般人が自由に入ることはできない。

1990年代の食糧危機、飢餓（「苦難の行軍」）から、多くの子どもたちがストリート・チルドレン（コッチェビ＝花つばめ）となった。アジアプレスの『リムジンガン』グループの撮った映像によれば、4歳以下の孤児たちがたくさん街のなかを徘徊《はいかい》している。孤児たちは平壌や他の都市へ、食糧を求めて秘密裏に移住する。平壌では国家安全保衛部の役人たちが孤児をつかまえ、出身地の施設などに送り返すが、それでも平壌にはまだ数十万の孤児たちが隠れて生きているという。施設に入れられるほうが餓死し、ストリート・チルドレンでいるほうがかえって生き続けられるという指摘もある。

隣組（人民班）は、外来者の到着を報告しなければならない。仕事で旅行するときには4か所から許可を得なければならない。個人的な理由で旅行するには、役人への賄賂《わいろ》（タバコなど）が必要である。

男性が職場に縛りつけられている（出勤報告の義務によって）のに比べて、女性は比較的身動きがしやすい。脱北者には女性が多いが、その理由の1つはここにある。

■北朝鮮から出る自由

許可なく国境を越えれば、2年以下の労働鍛錬《たんれん》刑か5年以下の労働教化刑。実際には、刑法第62条の「祖国への反逆」とも見なされ、5年以上の労働教化刑に処せられる。「人間のクズ」として罰せられる。

1990年代は、餓死をまぬがれて生きるために脱北せざるをえなかったが、最近は家族ぐるみの脱北で、政治的目的が大になっている。

国境を越えて脱出する者は撃ち殺せという政策が、1990年代初頭から取られている。これは北朝鮮が加入している国際人権規約に違反しており、法的措置として正当化できるものではない。

脱北の容疑を受けて捕まった者は、尋問の際、飢餓的な分量の食事しか与えられない。牢獄の中では話すことも動くことも、周りを見まわすことも、許可なしには禁止されている。一日中、固定した姿勢で座るかひざまずかされる。

脱北して中国で捕まり、北朝鮮に送り返されてきた女性たちに対して、所持品検査・身体検査がおこなわれるが、これらは性暴力や強姦《ごうかん》に相当するものである。女性たちを裸にし、膣《ちつ》や肛門にお金を隠していないか、取調官が手（指）を入れたり、彼女たちを何十回もジャンプさせたりする。

中国人の子を妊娠している場合、強制堕胎《だたい》させられ、胎児は捨てられる。その際に、叩いたり蹴ったり、重労働させたり、手荒な手術をしたりする。これは産前・産後の女性を保護しなければならない北朝鮮の国内法にも違反しているし、出産の権利を保障する女性差別撤廃条約にも違反している（北朝鮮は女性差別撤廃条約を批准している）。

中国当局によって強制送還された脱北者がひどい虐待を受けているにもかかわらず、中国政府は、強制送還をし続けている。密告者に報酬を与え、北朝鮮人を密告者として雇ってまでして摘発を続けている。

本人を送還するだけでなく、中国当局による取り調べの調書まで北朝鮮当局に送っている。調書には、その脱北者が中国で、韓国の情報機関やキリスト教宣教師に会ったか否かが記されている。北朝鮮当局はそれにもとづいて、本人を処刑したり、強制収容所送りにしたりしている。

中国からの身柄と調書の引き渡しの見返りに、北朝鮮当局は中国に木材を提供している。このような関係は、北朝鮮の国家保衛部と中国の公安部との間に１９８６年に交わされ、１９９８年に改訂された議定書にも見て取ることができる。

強制送還された脱北者がひどい仕打ちを受けている数々の事例を、調査委員会が中国政府に伝えたにもかかわらず、中国政府は、そのような虐待の事実はないと回答している（国連報告書「主文」の巻末資料を参照）。

脱北した女性の多くが、中国で人身売買され、強制結婚、強制蓄妾《ちくしょう》、売春をさせられている。犠牲者たちは、北朝鮮に強制送還されるのを恐れて中国当局に被害を訴えられず、それに耐えている。

中国人との間に生まれた子どもたちは、学校にも行けず、福祉を顧《かえり》みられていない。不法脱北者の子どもであるとわかると母親が強制送還されるため、中国の制度に登録できないからである。

▒本国に帰る権利と家族権

朝鮮の南北分断と朝鮮戦争で、南北に分かれ分かれになってしまった家族がいる。2013年末の時点で、「離散家族」として韓国の機関に登録されている人（生存者）が、7万1480人いるという。

2000年から2010年までの間に18回の家族再会があり、4321家族が再会を果たした。できるかぎり多くの人々が恒常的に行き来できるようにすべきである。

4 食糧権と生存権の侵害

飢餓の推移

北朝鮮は8割が山地であり、食糧の自給に適していない。それでもかつては、ソ連や中国の援助によって、配給制度がなんとか機能していた。

1991年にソ連が崩れて以降、中国からの食糧援助で食いつないだが、1993年には中国自身が小麦の大幅な不足におちいる。1994年、北朝鮮への小麦の支援は80万トンから28万トンへと激減し、食糧の配給制度が崩れてしまった。

1996年に配給が一時停止されると、盗み・略奪がいっせいに始まる。1997年には人口の6％ぐらいしか配給でまかなえなくなる。餓死者が続出し、人々は生きるため闇市に殺到し、配給依存から闇市依存に変わっていく。1997年から99年の時期は「大飢《き》饉《きん》」となり、最も苦しい時期となった。

２０００年以後、餓死者は減るが、傾向はなお続く。国連食糧農業機関によれば、人口の３～４割が栄養失調に苦しんでいる。餓死の報告も多数ある。

２００９年11月30日、北朝鮮当局は、１００対１の割合で旧通貨を新通貨に切り替えた（デノミネーション）。これがまた飢餓を拡大させた。

食糧は市場にたくさん売られているが、人々にはそれを買うお金がない（食糧にアクセスできない）ところに問題があると、アジアプレスの石丸次郎氏は東京の公聴会で強調した。

飢餓の実態

１９９０年代の飢餓状況を示す証言を、国連報告書から２つ紹介する。

「ある女性は、１９９５年以後の咸鏡南道《ハムギョンナムド》の食糧状況について述べた。彼女の父は１９９５年2月に亡くなった。姉と妹も栄養失調で亡くなった。『姉が死ぬまぎわに願ったのは、うどんを食べることでした。でも、うどんを1杯、買うお金もなかったのです。１９９７年に姉は亡くなりました。その1か月後に妹も死にました。妹の願いは、パンを1枚食べたいということでした。弟は１９９５年からクウォン炭鉱で働いていましたが、体が弱すぎてクビになりました。家に帰ってくる列車の中で、栄養失調で死にました。私は彼の遺体を見つけました』」

「ワシントンでの公聴会で、趙《チョ》ジンへさんは、1990年代の飢饉《ききん》で彼女と家族が体験した栄養失調について語った。2人の弟と祖母が、飢えで亡くなった。

『弟が生まれたとき、……母さんはあまりの栄養不足で母乳が出ませんでしたので、祖母は赤ちゃんを殺そうと思いました。母さんは「どうか赤ちゃんを殺さないでください」と祖母に懇願しました。……私は赤ちゃんの世話をしなければなりませんでした。おんぶして街を歩き回りました。祖母もときどき、赤ちゃんを泣きやませるため、抱っこやおんぶをして歩かないといけなくなりました。でもさっき言ったように食べ物がないので、弟は泣きやみませんでした。……食べるものがなくて、弟は私の腕のなかで死にました。いつも私が抱っこしていたので、弟は私をお母さんだと思っていました。だから、私が水を飲ませてやると、ときどき私を見つめて、ほほえむことがありました』」

■北朝鮮当局の姿勢

このような痛ましい事態に対し、国連（世界食糧計画）や国際人権団体は当然、支援の手を差しのべた。しかし北朝鮮当局は、飢えている子どもたちのところへ支援団体が出かけることを阻止した。特に慈江道《チャガンド》、両江道《リャンガンド》、咸鏡道《ハムギョンド》の東北3省は、成分の低い人たちが住むところとして、政府がそこへの支援を阻止した。そのため「国境なき医師団」や「アクション・アゲインスト・ハンガー（反飢餓行動）」は、途中で援助を中止し引き揚げた（それぞれ1998年、2000年に）。

北朝鮮当局は、飢饉《ききん》への当局の対応に対する一切の批判を封じ、これに反する者は強制収容所送りにした。当然、生きるために脱北する者が急増したが、それを取り締まるために労働鍛錬《たんれん》隊という拘留処罰施設がつくられ、2004年の刑法改正でそれを明記した。

軍隊のなかでも飢餓が生じた。軍隊は人民を守るものという観念は崩れ、農産物などの略奪部隊と化した。

今も人々が飢餓に苦しんでいるにもかかわらず、北朝鮮当局は、軍事、指導者崇拝、国家エリートの贅沢《ぜいたく》品のために、膨大な資源や国家予算を費やしつづけている。経済学者のマーカス・ノランド氏は、軍事予算を1％削って穀物輸入にあてるだけで、穀物不足は解決するとの推計を示した。

食糧配給が足りないなかで、人々は市場での商売に頼っているが、当局は市場での活動に厳しい統制を加えている。

5　恣意的な拘留、拷問、処刑、強制失踪、政治囚収容所

政治犯の疑いをかけられた者（反党的・反体制的と見なされた者）は、法的手続きなしに、逮捕の理由さえ知らされずに捕えられるケースが多い。通信も絶たれるので、逮捕された者の半数近くが行方不明となる。当局の決定次第で失踪させられるのである。

人民保安省（警察）が、村、市、郡、道、国、各レベルの警察と尋問拘留センター（拘留場）のネットワークを運営している。尋問が通常より長くかかる場合、特に被疑者が中国から送り返された者である場合は、「集結所」に拘留される。

国家安全保衛部（秘密警察）に逮捕された政治犯被疑者は、初めから郡、道、国レベルの拘留所に入れられる。加えて、国家安全保衛部は「招待所」と呼ばれる秘密の尋問拘留施設をたくさん持っている。

▩尋問拘留施設での拷問

尋問拘留施設は、被疑者を脅迫し侮辱する作りになっている。茂山《ムサン》にある国家安全保衛部の拘留所は、地下が洞窟《どうくつ》のような牢獄になっていた。清津《チヨンジン》の尋問所の入り口は、被疑者が這《は》って出入りするようにつくられた。取調官は、おまえたちは人間ではなく〝けだもの〟だからだと説明していた。

拷問室には水槽がある。被疑者は鼻すれすれまでの水中に何時間も立たされ、窒息死の恐怖に襲われる。壁には枷《かせ》がついていて、被疑者を逆さづりにする。このような道具を使った拷問に屈して、被疑者は往々にして嘘の自白をさせられてしまう。

国家安全保衛部の尋問拘留施設での収容者の扱いは、たとえば次のようなものである。収容者は、尋問を受けない時間は、監房で身動きせずに、黙ってひざまずいていなければならない。もし誰かがしゃべっているのを見つかったら、監房の中の全員が1000回、立ちしゃがむ動作をしなければならない。多くの者がその途中で気を失う。

尋問所で多くの被疑者が、拷問、しくまれた飢餓、ひどい条件下で引き起こされた病気などで亡くなった。

人民保安省による尋問では、こん棒で殴る、蹴るのほかに、鳩拷問（両手を後ろに縛られてつるされる）、秤《はかり》拷問（レンガや石を両手に下げさせる）、飛行機拷問（両手を水平に広げて片足で立つ）、モーターバイク拷問（モーターバイクを運転する姿勢を長時間とらせる）などの拷問が、当局が期待する自白をするまで行使される。

▒政治囚収容所（強制収容所）

重大な政治的悪行を犯したと見なされた者は、即決死刑になるか、そうでなければ政治囚収容所に送られる。ほとんどの場合、生きて収容所を出る機会もなく、死ぬまでそこに閉じ込められる。収容者は外部との接触を一切、絶たれている。

政治囚本人だけではなく、両親、子ども、兄弟、配偶者といった家族も、連座制で収容所に入れられる。〝反革命分子は3代にわたってその種《たね》を断て〟という金日成の教示にもとづいている。

現在の政治体制と指導に反対したり挑戦したりするグループ、家系、個人を永久に消し去るために、政治囚収容所は存在する。秘密の政治囚収容所からにじみ出る限られた情報が、北朝鮮の人々の間に、恐怖の化け物をつくりだしている。北朝鮮の人は皆、政治囚収容所のことを知っている。一度入ったら二度と出られない、あまりに残酷な場所として。

管理所の位置

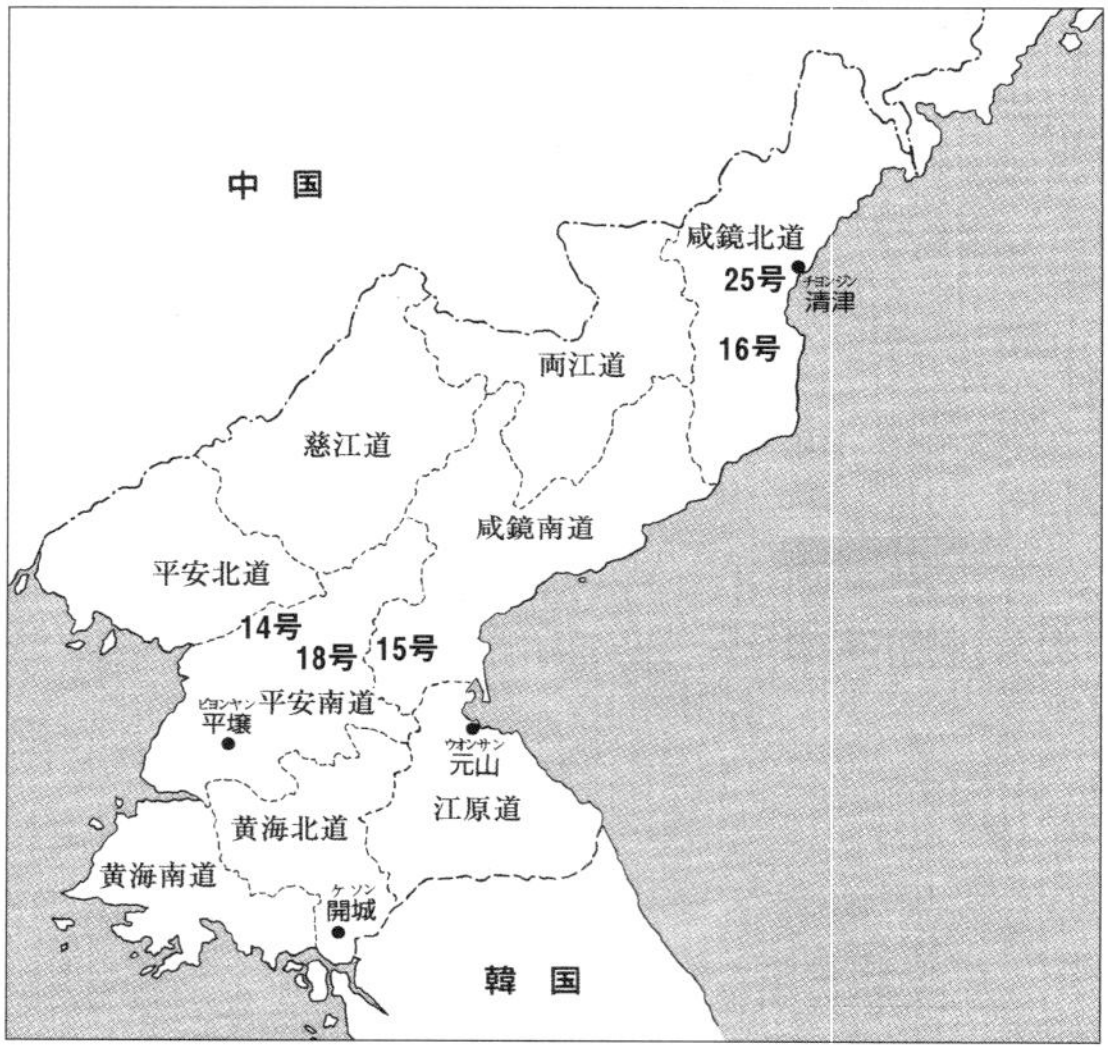

著者（小川）作成。

北朝鮮当局は、政治囚収容所の存在を国家機密にして、隠そうとしつづけている。政治囚収容所は、当局内部の用語で「管理所」と呼ばれている。収容者は「移住民」と呼ばれ、収容所を管理する国家安全保衛部第7局は「農場局」として知られている。

政治囚収容所の位置と規模

北朝鮮の山岳地帯に、大規模な政治囚収容所が4か所あることが知られている。

14号管理所は、平安南道《ピョンアンナムド》价川《ケチョン》市の山間地域150平方キロメートルを占める。1960年代から存在し、1980年代初期に現在の位置に移された。収容者は死ぬまで収監される、完全統制区域である。ここからただ1人、脱出に成功したことが知られているのが、申東赫《シンドンヒョク》氏である。彼が2005年に脱出したときよりも拡張されていることが、人工衛星写真から読み取れる。

15号管理所は、咸鏡南道《ハムギョンナムド》耀徳《ヨドック》郡のいくつかの谷を覆う370平方キロメートルを占める。ここだけは、完全統制区域と革命化区域との2つに分かれている。革命化区域には成分の高い囚人が多く、かつては、行いがよかったり賄賂《わいろ》を使ったりすれば釈放される可能性があった。今はそれもできなくなったとの主張もある。

16号管理所は、咸鏡北道《ハムギョンプクト》明澗《ミョンガン》の荒涼とした地域560平方キロメートルを占める。豊《プン》渓里《ゲリ》の核実験場に隣接している。1970年代から存在したという。

25号管理所は、咸鏡北道《ハムギョンプクト》清津《チョンジン》市の近くにある。14号、15号、16号管理所がそれぞれ万単位の収容者をもつのに対し、ここは数千人の収容者数である。2006年以降、大きさは2倍となり、980平方キロメートルを占めている。

この他に政治囚収容所が存在する可能性も否定できない。また、軍保衛司令部内に、小規模な政治囚収容所があるともいわれている。

18号管理所は、1990年代後半には5万人の囚人を擁《よう》していたが、しだいに規模が縮小され、2006年には、残った北倉《プクチャン》の南の敷地も閉鎖されたようである。今日ではその跡地に、短期の労働留置施設が設けられているとされる。

国連報告書の以上の指摘は、22号管理所とともに18号管理所も閉鎖されたという見解をとっている。

管理所はかつて12か所かそれ以上あったが、時間をかけて統合され、現在は4か所になっているとしている。収容人数も、かつて15万〜20万人の幅で語られてきたものが、8万〜12万人説（韓国統一院）、8万〜13万人説（北朝鮮人権アメリカ委員会）、13万5000人以上説（北朝鮮人権情報データベースセンター）を紹介し、人数が減少してきているとしている。国連報告書は8万〜12万人説を採用している。

政治囚収容所の役割

北朝鮮の政治囚収容所は、1950年代に金日成の下でおこなわれた大規模な追放政策（朝鮮労働党内の国内派、ソ連派、中国派の粛清――小川）とともにそのシステムがつくられはじめ、金日成がその支配を強固にした頃に規模の急拡大を見た。また、1970年代と1990年代の間に、金日成から金正日への世襲に対する、党と国家機関内の反対をすべて排除するために、上級官僚を含む大多数が収容所に送られることによって、規模が拡大した。

収容所に消えた人たちは、古くは地主、資本家、日本統治時代の日本への協力者、キリスト教徒や天道教徒などの敵対階級、次いで、金正日への世襲反対者、「1989年頃東欧とソ連で勉強し、ベルリンの壁の崩壊後、これらの国々で民主主義の出現を目撃した多くの若い北朝鮮の市民たち」、近年になっては「脱北したり、韓国の役人や一般市民と秘密裏に接触したり、キリスト教信仰を表明した人たち」などである。

連座制にもとづく家族ぐるみの収容は、北朝鮮政治囚収容所の際立った特徴である。これは、現在の政治体制に対する反抗を抑圧するのに、特に効果的である。

政治囚収容所の実態

収容者は公民権を剥奪《はくだつ》される。収容所の規則に違反すれば、その場での銃殺を含む残酷な罰を受ける。即決処刑でない場合の処刑は、収容者を集合させて、その面前で「見せしめ」としておこなう。収容者は互いに監視し密告するよう、教え込まれている。

看守など当局者は、しばしば女性収容者を強姦《ごうかん》する。それが発覚した場合、看守はせいぜい解雇されるだけだが、被害者のほうは苛酷な労働の罰を受けたり、殺されたりする。

収容者たちは、1日にトウモロコシ粥《がゆ》400グラムといった、飢餓的な分量の食糧しか与えられていない。収容者を従順にするために、当局の方針でそうしている。警備員の目を盗んでネズミや野草を食べるなどしなければ、すぐに餓死してしまう。

収容所敷地内の炭鉱や伐木《ばつぼく》場などで、収容者は週7日、毎日12時間以上、場合によっては20時間も、苛酷で危険な労働を強いられている。病気にかかっていても同じである。ノルマを果たせなければ、食糧配給を減らされるなどの罰を受ける。ノルマは「労働単位」(班)の連帯責任とされることが多いため、収容者どうし、仕事の遅い者を殴りつけて急《せ》きたてる。

こうして、ほとんどの収容者は釈放される可能性もないなかで、飢えと奴隷労働を通じて、ゆっくりとした絶滅にさらされている。

収容所体験者の複数の手記や証言、人工衛星写真によって、政治囚収容所の存在は明白であるにもかかわらず、北朝鮮当局は依然として、「わが国には政治犯という言葉はない、したがって政治犯収容所は存在しない」と言って、収容所の存在を認めていない。政治囚収容所ではない普通の刑務所（教化所）でも、脱北送還者の取り調べをするところ（全巨里《チヨンゴリ》、五老《オロ》、甑山《チユンサン》など）は特にひどい実態で、政治囚収容所と差がなくなってきている。

6　拉致を含む、他国からの人々の強制失踪

▒１９５０～53年　朝鮮戦争下での韓国国民の拉致

朝鮮戦争で、８万～10万人の韓国国民が北朝鮮に拉致されたといわれている。金日成の指示（政府の方針）によって、警察官、医療関係者、司法関係者など計画的に、北朝鮮の兵士たちによって拉致されている。

拉致された後、北朝鮮当局の指示に応じなかった者は、地方の炭鉱や農場、場合によっては政治囚収容所に送られた。低い成分に位置づけられ、子どもたちも同じ扱いを受けた。

■１９５３年　戦争捕虜《ほりょ》の帰還の否認

１９５３年、朝鮮戦争終結（休戦）時に、韓国の軍人が８万２０００人、行方不明であったという。少なくとも５万人が韓国に送還されず、北朝鮮の軍隊や鉱山などで働かされた。逃亡を試みた者は処刑された。全員が人民保安省や国家安全保衛部の監視下にあり、子どもたちも同じ条件下で生きなければならなかった。

４４１６名の外国人（主に米軍）の捕虜《ほりょ》がいたという記録が、金日成のスターリン宛て報告にある。彼らの家族も情報を得られず、苦しみのなかにいる。

■１９５５～92年　朝鮮戦争後の韓国人の拉致と強制失踪

朝鮮戦争の休戦後にも、韓国国民の拉致と強制失踪が続き、５１６人が北朝鮮に留め置かれていると見られる。海上で拉致された漁師が多く、４５７人の漁師が失踪したままである。

拉致されると、若くて能力のある者はスパイ教育を施《ほどこ》され、工作員として南に派遣された。それ以外の者は、イデオロギー教育を受けたうえで他の労働を割りあてられ、国家保衛部の監視の下、子孫まで敵対階級として差別された。

工作員により韓国や他国で拉致された韓国人は70人、北朝鮮にいると見られる。

■拉致と強制失踪の問題を解決する努力

韓国から北朝鮮に拉致された者の家族が、南北の緊張のなかで、韓国の情報機関から監視されたり、韓国で差別されるという被害も生じた。

金大中《キムデジュン》大統領時代の太陽政策では、拉致・強制失踪問題は棚上げされ、南北離散家族問題に統合された。一部の離散家族は、抽選で選ばれて、北朝鮮に拉致された肉親と再会することができた。

最近は韓国政府の方針も変わり、犠牲者家族への補償を可能にする時限立法も整備された。2010年に、「朝鮮戦争拉致真相確認と被拉致者の名誉回復法」が成立した。

■1959〜84年　帰国事業で日本から北朝鮮に移住した朝鮮人と日本人の強制失踪

1959年12月14日から1984年までの帰国事業で、日本から北朝鮮へ、在日朝鮮人とその日本人配偶者と子どもたち、合わせて9万3340人が移住した（「帰国」と呼ばれるが、南にルーツがある人がほとんどであった）。北朝鮮が「地上の楽園」であるという朝鮮総連（在日本朝鮮人総連合会）の宣伝を信じ、期待したのである。在日朝鮮人は日本社会のなかで差別されており、貧しかった。朝鮮総連だけでなく日本のメディアも、北朝鮮社会を称揚して、これらの人々を北朝鮮へと誘った。

帰国者たちは、清津港《チョンジン》に着いたそのときから、北朝鮮が日本よりも貧しいことに気づき、「地上の楽園」でないことを悟った。

彼らはその後、日本にいる家族や親戚に、物資と金を送ってほしいという手紙を送りつづけた。それによって、北朝鮮の実態が在日朝鮮人たちに気づかれるようになり、北朝鮮への帰国の流れがせき止められていった。帰国者の８割は、１９６１年までに移住した者であり、その後は数が激減したのである。

帰国者たちは、住む場所も職場も自分たちで選ぶことができず、朝鮮総連の幹部とその家族以外は敵対階級に位置づけられ、監視された。日本に戻ることは許されなかった。

帰国者は教育水準が高く技能を持った人が多かったので、初めは大いに歓迎され、平壌に住むことを許されたが、のちにはスパイと疑われて迫害され、強制収容所に送られたりした。

■1970年代～80年代　日本人の拉致

2002年9月、北朝鮮の最高指導者・金正日は、北朝鮮を訪問した日本の小泉純一郎首相に対し、それまで一切否定していた日本人13人の拉致を認め、謝罪した。

北朝鮮の朝鮮労働党35号室で働いたことのある元・工作員は、35号室が誘拐や拉致を職務にしていたことを、調査委員会の前で証言した。誘拐された日本人たちは、少なくとも100人はいると考えられるが、彼らは北朝鮮のスパイ学校で日本語の教師をさせられたり、また日本で工作活動をする工作員として教育されたという。将来日本で革命を起こす準備とも考えられる。調査委員会は、これらの拉致は金日成と金正日の命令の下におこなわれたと認定する。

国連報告書は、日本からの拉致として、横田めぐみさん（1977年11月15日）、田口八重子さん（1978年6月）、地村富貴恵さんと地村保志さん（1978年7月7日）、蓮池祐木子さんと蓮池薫さん（1978年7月31日）、増元るみ子さんと市川修一さん（1978年8月12日）、曽我ひとみさんと曽我ミヨシさん（1978年8月12日）、原敕晁《ただあき》さん（1980年6月）、久米裕《ゆたか》さん（1977年9月19日）、松本京子さん（1977年10月21日）を、外国での拉致として、田中実さん（1978年6月）、石岡亨《とおる》さんと松木薫さん（1980年5月）、有本恵子さん（1983年7月）を、その他のケースとして、日高信夫さん（印刷工）、藤田進さん（大学生）を紹介し、少なくとも77名の日本人が拉致された可能性がかなり高いという、特定失踪者問題調査会の推定を引用している。

報告書は、1992年12月18日国連総会で決議された「強制失踪からの保護宣言」にもとづいて、拉致を含む強制失踪が、人権侵害のなかでも、人間の尊厳に対する根本的な犯罪であるとの立場を明確にしている。

7　国連報告書の意義

以上、国連報告書の「詳細な事実認定」第4章の内容を紹介した。

原文（英文）を読みつつ、これまでベールに包まれていた北朝鮮は一挙に丸裸にされてしまったと感じた。人間の生きる条件としての食糧へのアクセス、居住地や職業の選択の自由、移動の自由、知る自由、見る自由、語る自由、身体の自由、弱者が保護される権利――これらがことごとく侵されている社会・国家であることが、具体的に明らかにされた。

基本的人権の視点からの調査だからこそ、社会と生活の全面が明らかになったのである。人権の力である。

同時に、長く北朝鮮に住み、迫害を受けた当事者の証言・告発が、説得力を加えている。世界4か所の公聴会での80人の証言（人権活動家を除いて60人余り）、非公開インタビューでの240人の証言は、脱北者のものである。それは北朝鮮内部の声といってよい。

■報告書の実践的成果

報告書は、ここに明らかにされたあまたの人権侵害の多くが、国際法上の「人道に対する犯罪[2]」であること、それが国家（組織と当局者）によってなされているものであることを、明確に言明している。

そのうえで、2005年秋に国連総会で承認された「保護する責任」——その国の政府が自国民を人道犯罪から守れないとき、国際社会には、代わってその国の国民を保護する責任があるという原則——を国際社会に促し、北朝鮮の人道犯罪を国際刑事裁判所に付託することを提言している。

国際刑事裁判所への付託のためには、国連安全保障理事会での決議が必要だが、中国やロシアが拒否権を行使すれば阻止されてしまう。しかしその場合でも、国連総会の決議によって、北朝鮮人権改善を主題にした特別法廷《アドホック》を開くことが可能であることを、国連報告書は示した。

北朝鮮で、深刻かつ組織的な、国家による人権侵害が数十年前から起きているのに、国際社会が有効な手を打ってこなかったことに対する、深い反省も述べられている。

▩強制収容所の重要性

国連報告書は、北朝鮮の人権侵害をトータルに明らかにした。したがって、国家機構の改善・改革から人権を回復するという道筋を提言・勧告している。

その必要性に異論はないが、私は北朝鮮人権問題のなかで、特に強制収容所問題が根幹であり、強制収容所の廃絶が重要であることを強調したい。

14号管理所に生まれ育った申東赫《シンドンヒョク》氏は、収容所を脱出して北朝鮮社会を初めて見たとき、天国にいるように感じたという。強制収容所の実態のひどさはケタ違いであり、一刻も早い解決を要するのである。

国際的な世論を結集して北朝鮮当局に人権改善を迫るうえでも、強制収容所のひどい実態を世界に訴えることが、強い力になる。北朝鮮当局にとっては、強制収容所は恥部・弱点である。

強制収容所には、北朝鮮社会のありとあらゆる人権侵害が集約されている。自由の剥奪《はくだつ》、飢え、拷問、奴隷労働、強制失踪、性暴力、子どもへの暴力、差別、それらすべてがある。ここを突き崩すことは、政治体制の改革よりも具体的に、北朝鮮の人権改善になる。

強制収容所があるせいで、北朝鮮の人々は当局を批判することができずにいる。第2章で見るように、北朝鮮の強制収容所は、金日成の神格化（唯一思想体系）とともにつくられ、北朝鮮の全体主義体制を支える重要な支配手段になった。強制収容所は、それ自体がひどい人権侵害であるだけでなく、北朝鮮の全体主義体制を支え、あらゆる人権侵害を支えているのである。強制収容所の廃絶は、北朝鮮内部から人権問題改善を求める動きが起こるためにも必要である。

なお、国連報告書は、強制収容所の数を、大きなものは4か所とし、また全体の収容者数について8万〜12万人説を採用している。正確な人数を知るすべはないが、私は北倉《プクチャン》の18号管理所も復活していると考え、(3) 数は大きなものでも5か所以上、収容者数は15万人前後と考えている。軍保衛司令部内の小さな収容所の人数も加味しての収容者数である。

以上、今回の国連報告書を１００％評価するわけではないが、高い評価を与え、その事実認定の概要を紹介した次第である。

次の章では、このような人権問題を生み出している北朝鮮の全体主義体制と、それを根底で支える強制収容所が、いかにして生まれたのかを見ていく。

注

（１）*Report of the Commission of Inquiry on Human Rights in the Democratic People's Republic of Korea.* 原文は下記 URL から全文ダウンロードできる。http://www.ohchr.org/EN/HRBodies/HRC/CoIDPRK/Pages/ReportoftheCommissionofInquiryDPRK.aspx

（２）「人道に対する犯罪」は、２００２年7月に発効した「国際刑事裁判所に関するローマ規程」第７条で規定されている。その第1項は以下のとおりである（外務省訳）。

「この規定の適用上、『人道に対する犯罪』とは、文民たる住民に対する攻撃であって広範又は組織的なものの一部として、そのような攻撃であると認識しつつ行う次のいずれかの行為をいう。

（ａ）殺人

（ｂ）絶滅させる行為

(c) 奴隷化すること
(d) 住民の追放又は強制移送
(e) 国際法の基本的な規則に違反する拘禁その他の身体的な自由の著しいはく奪
(f) 拷問
(g) 強姦、性的な奴隷、強制売春、強いられた妊娠状態の継続、強制断種その他あらゆる形態の性的暴力であってこれらと同等の重大性を有するもの
(h) 政治的、人種的、国民的、民族的、文化的又は宗教的な理由、3に定義する性に係る理由その他国際法の下で許容されないことが普遍的に認められている理由に基づく特定の集団又は共同体に対する迫害であって、この1に掲げる行為又は裁判所の管轄権の範囲内にある犯罪を伴うもの
(i) 人の強制失踪
(j) アパルトヘイト犯罪
(k) その他の同様の性質を有する非人道的な行為であって、身体又は心身の健康に対して故意に重い苦痛を与え、又は重大な傷害を加えるもの」
(3) 18号管理所の再開準備についての情報は、「東京新聞」2014年4月19日付に紹介されている。

第2章

北朝鮮の全体主義はいかにして生まれたか

「はじめに」で述べたように、北朝鮮の山の中の強制収容所ほど悲惨なところは世界にない。その廃絶を訴えるために本書は企画されているが、去る2014年2月17日、国連北朝鮮人権調査委員会の報告書が出たので、その内容を前章で紹介した。

報告書は北朝鮮社会の人権侵害をすべてにわたって明らかにすることに主眼があり、それはみごとに果たされた。しかし、かえって強制収容所問題はワン・オブ・ゼム（数ある問題のうちの1つ）に相対化されたきらいがある。

本章から、主題を強制収容所問題に引き戻すことにする。強制収容所は北朝鮮の全体主義化とともに始まったので、全体主義認識が不可欠である。まず全体主義とは何かから始める。

1　全体主義とは何か

全体主義とは、一切の創造性・自発性を許さぬ体制のことで、すべての人が1人の人のように反応し動くことを強いる体制のことである。「全体的支配は無限の多数性と多様性を持ったすべての人間が集って一人の人間をなすかのように彼らを組織することを目指す」（ハンナ・アーレントの定義(1)）。

自発性を許さぬということは、各人が誤りをおかすことも、各人が何か新しいことを始めることも許されないことになる。集団主義が強調されるので、個々人の人権という概念は許されない。

ハンナ・アーレントの名著『全体主義の起源』の第3巻「全体主義」は、スターリンとヒットラーの体制を分析したものであるが、北朝鮮の国家体制にも、驚くほどよく当てはまる。私がそこから学んだことは、冒頭に掲げた定義のほかは次の5つのことである。

1つは、**全体主義は運動である**ということ。高い目標に向かって進む運動である。何をどこまで達成したかの総括がしにくく、絶えず走ることが求められる。

2つめは、**全体主義支配を維持する3つの手段**である。それは、一人支配（一党支配）と、秘密警察と、強制収容所である。この指摘は北朝鮮の全体主義にぴったりであり、私がこの本から得た最大の収穫であった。

3つめは、**強制収容所は完全な「忘却の穴」であること**。「全体的支配は……〈望ましからぬ者〉および〈生きる資格のない者〉という新しい概念を持って来た」。「望ましからぬ者や生きる資格のない者は、あたかもそんなものは嘗《かつ》て存在したことがなかったかのように地表から抹殺してしまうのである」[2]。強制収容所は外部から全く遮断されている。そこに送られれば、帰ってくることはできず、その人がこの世に生存したこと自体を消されてしまう。

4つめは、**強制収容所の囚人はすべて無実の者であること**。「全体主義的支配の立場からすれば国民全体が容疑者になる」[3]。強制収容所の収容者の「最大の集団をなしていたのは、彼ら自身の意識においてもまた当局者の意識においても、その逮捕と何らかの合理的な関係のあるようなことを実行したことなど一度もない人々だった。この人々がいなかったとすれば強制収容所などは決して存在し得なかったろう」[4]。強制収容所の存続にとって、無実の人々の存在が絶対的に必要であった。政敵（政治犯）がすべて排除された後に全体主義が開始されると、ハンナ・アーレントは言う。

5つめは、**嘘のヒエラルヒー（階層構造）**である。指導者は真っ赤な嘘をつく（目標が高いからであろう）。ブレーンはそれを知っている。党員も薄々、嘘であることに気づいているが、指導者がある実績をあげるのでそれに従う。シンパサイザー（党外の支持者）は指導者の言葉を真実として受け入れる。この指摘に私は深い印象を覚えた。

全体主義は人々の自発性を奪う。その体制に反抗し抗議した者は、強制収容所に送られ、この世に生存したことまで抹消されてしまう。

人類は20世紀まで歴史を築きあげながら、人間そのものを抹殺するとんでもないものを生み出した。「一人は全体のために、全体は一人のために」というモットーは一見美しいが、後者の「一人」が独裁者を意味するとき、それは人間と人間性の破壊を意味する。全体主義は実に恐ろしいものである。

2 北朝鮮の全体主義の特徴

北朝鮮の全体主義を、3つの支配手段に即して見ていこう。

一人支配は、言うまでもなく金日成《キムイルソン》の支配である。1967年5月に「唯一思想体系」が登場する。一般に「主体《チュチェ》思想」といわれるが、「唯一思想」の名称のほうが、その本質を表している。「唯一」とは、金日成の教えだけを知っていればよく、他の思想を知る必要はないという意味である。世界史のうえで金日成がいちばん偉いという主張であり、金日成の神格化そのものである。「そんなことはない、金日成より優れた人はゴマンといる」と言おうものなら、その人は「思想が悪い」として強制収容所送りである。

1974年に金正日《キムジョンイル》が執筆してつくったとされる「党の唯一思想体系確立の十大原則」がある（実際に書いたのはブレーンであろう）。10の原則と、各原則にいくつかの準則が付く。とても読むに堪《た》えない代物である。北朝鮮の人々はこれを暗唱させられるという。(5) この文書は北朝鮮の事実上の憲法となっていて、憲法に定められてある公民の基本権を、覆い隠し、無化している。

北朝鮮では、金日成の独裁化が、1960年代の中ソ論争のなか、主体思想の名のもとに徐々に図られていった。そして1966年の秋から67年の春にかけて思想調査（住民登録調査）がおこなわれ、朝鮮労働党の中央委員のうち金日成派を多数派へと一挙に増やして、唯一思想体系を導入したのである。(6)

強制収容所に送られた非金日成派たちは、収容所内で決起した。金日成は軍隊を派遣して鎮圧し、〝反革命分子は3代にわたってその種《たね》を断て〟という1968年教示が出るのである。(7)

そのとき世界の目は、韓国の朴正熙《パクチョンヒ》の軍事独裁、中国の文化大革命、ベトナム戦争にそそがれ、北朝鮮が死角になっていた。金日成の神格化＝唯一思想の登場、北朝鮮の全体主義化は、この死角の中で実現したのである。世界の認識が遅れた理由の1つがここにある。北朝鮮の民衆にとっては誠に不幸な事態であった。

2つめの支配手段は**秘密警察**である。北朝鮮の秘密警察は国家安全保衛部である。それまで社会安全省傘下《さんか》の政治保衛局だったのが、国家政治保衛部として独立したのは1973年5月である。[8] 唯一思想の登場・定着とともに力をもつようになった。初代の部長は金《キム》炳夏《ピョンハ》で、約7年間君臨した。一般警察は人民保安省（社会安全省の今の呼称）が所轄する。

北朝鮮の強制収容所は、「管理所」の名で国家安全保衛部第7局（農場指導局）の下に置かれている。[9] 北朝鮮当局は強制収容所の存在を一貫して否定しているが、行政機構上、国家安全保衛部第7局の下に置かれている、番号を付された管理所がそれである。秘密警察機構ではあるが、国家機構であるから行政組織上確認できるのである。

3つめの支配手段は**強制収容所**である。本書の主題である。

3　北朝鮮の全体主義はいかにして生まれたか

北朝鮮は1966年までは、マルクス・レーニン主義を指導理念としていた。憲法に明記されていたし、1966年8月に「労働新聞」(朝鮮労働党の機関紙)に発表された論文「自主性を擁護《ようご》しよう」でも、それは明言されていた。

それが金日成の思想(主体思想)と指導を理念とする今の姿に変わった転換点が、1967年5月の朝鮮労働党中央委員会第4期第15回総会(15中総)であった。この中央委員会総会で「党の唯一思想体系に関する問題」が提起され採択されたのである。(10)

しかも北朝鮮当局は長くこの総会のことを秘密にしていたので、外の世界の者がそれに気づくのは遅れた。1972年には、主体思想を指導指針とすることが憲法に明記された。

歴史の偽造

北朝鮮の全体主義化は金日成の神格化であり、歴史の偽造を不可欠とする。

朝鮮半島の北半部がソ連によって日本の支配から解放され、そこにソ連型の社会主義国家が1948年9月9日に誕生した。若き金日成が首相にすえられて、ソ連の政治将校の指導の下で、この若い国は社会主義建設を始めた。金日成の演説はソ連の政治将校の手で作成され、金日成はただそれを読むところから出発した。演説の最後はソ連共産党とスターリンに対する感謝の言葉で締めくくられた。事実がそうであったから、北朝鮮の民衆は、それに歓呼の声で応えた。

建国2年後に朝鮮戦争が始まる。金日成側の周到な計画の下に始まった「祖国解放戦争」であったが[11]、北朝鮮当局は今日に至るまで南（李承晩《イスンマン》）の挑発によって始まった戦争であると真っ赤な嘘をつきつづけている。北朝鮮当局（金日成）による歴史の偽造の第1は、朝鮮戦争の勃発の経緯に関してである。

歴史の偽造の第2は、朝鮮北部の解放と建国当初の演説や歴史文書から、ソ連への謝辞関係を一切削除したことである。韓国に亡命した北朝鮮の幹部、黄長燁《ファンジャンヨプ》氏の回想によれば、1958年頃にその作業をさせられたという[12]。ソ連派を粛正した後おこなわれたのであろう。

第3の歴史の偽造は、パルチザン伝説の誇大化である。北朝鮮では「革命伝統」が重視されるが、ひとえに普天堡《ポチヨンボ》の襲撃(13)を中核とする遊撃戦のことである。当時の朝鮮内外での他の抗日革命闘争を一切無視するのも歴史の偽造であるが、金日成とその一族だけの「革命伝統」づくりは歴史の創作である。

第4の偽造に加えてよいのは、金正日の生誕地の偽造である。本来ソ連の極東地方(ウラジオストック近郊のオケアンスカヤほか諸説)で誕生したのを、白頭山《ペクトウサン》の麓《ふもと》と偽造した。

ハンナ・アーレントは全体主義の特徴の1つとして、指導者が真っ赤な嘘をつくという嘘のヒエラルヒー(階層構造)を指摘した。①取り巻きはそれが嘘であるとわかっている、②党員も薄々それを知っている、しかし指導者が実績をあげるのでそれについていく、③嘘を真実として信じるのはシンパサイザー(党外の支持者)であると。北朝鮮にあっては、以上のような嘘を含んだ「革命伝統」を信じているのは、そのような教育で育った一般大衆であろう。脱北者・安赫《アンヒヨク》氏は中国東北部で金日成が尊敬されていないのを知って不快感を覚えたと言っているが、教育の成果なのである。

■「主体」思想の変質

注意したいのは、金日成の絶対化が、「主体」の思想とともに進められたことである。

金日成は、主体思想は自分が創始したとして、1955年12月の演説を挙げている。金日成にはゴーストライター集団（4・15創作集団）がいたので、どこまでが彼の創始かわからないが、それはともかく、「主体」という思想そのものは悪くない。個人はみなそれぞれ、自分自身の主体である。誰もが、他人の言いなりでない主体でありたいと思っている。主体とほぼ同義語で「自主」という言葉がある。

当時の、主体を重んじる思想の背景には、国際共産主義運動のなかで「中ソ論争」が1960年代に始まったことがある。中国（毛沢東）はソ連を「修正主義」と批判し、ソ連は中国を「教条主義」と批判した。北朝鮮にとってソ連は産みの親であり、中国は救いの親（朝鮮戦争の際、中国義勇軍の参戦で北朝鮮の劣勢を挽回）であるので、どちらにつくわけにもいかなかった。朝鮮労働党の内部にソ連派、中国派、国内派がいて、主導権争いをしていた。

金日成はソ連で育てられたので、出自からいえばソ連派と見てよいのであるが、朝鮮戦争の失敗の後スターリン批判がソ連で始まるなか、その責任を取らされるのを回避するために、「朝鮮革命論」という独自路線をうちだし、主体・自主を旗印にソ連派、中国派をしりぞけていくのである。

朝鮮革命論とは、国境を越えた革命ではなく、まず朝鮮（南を含む）を革命するという主張である（副首相であった民族主義者・洪命憙《ホンミョンヒ》の発案と私は見る）。朝鮮革命のためには朝鮮の歴史と文化をよく知らなければならないとして、『朝鮮哲学史』（１９６０年）や『朝鮮文化史』（１９６３年）が刊行された。前者では、17〜18世紀に花開いた朝鮮実学思想や、18世紀に宇宙は無限であることを主張した天文学者・洪大容《ホンデヨン》のことも論じられている。後者は30数名の執筆者の固有名詞を付した、優れた解説書であった。

この路線と精神の昇華が、１９６６年8月の論文「自主性を擁護《ようご》しよう」（「労働新聞」に掲載）である。この論文のメッセージは、「共産主義者は自分の頭で考えなければならない」という宣言にある。最後は、朝鮮革命のための自国の歴史と文化の研究（と享受）の重要性を指摘して終わっている。いま読んでも8割がた評価できる論文である。中ソ論争で苦しい立場に置かれた北朝鮮が、マルクス・レーニン主義を指導理念にしながら、自主という正しい立場を切り拓いたことを鮮明にした論文であった。

ところが翌１９６７年5月の15中総での唯一思想体系の採択で、「主体」が大きく変質するのである。革命の主体は人民大衆であるが、人民大衆が革命性を発揮するためには正しい指導が必要である、とされる。正しい指導とは金日成の指導である。金日成の思想は唯一思想とされ、金日成の指導への絶対服従が求められる。こうして本来の「主体」は完全に否定され、真逆のものに転化した。

■唯一思想体系と全体主義の誕生

それまで朝鮮労働党中央委員のなかで金日成派は3割くらいしかいなかったという。それでは唯一思想体系は採択されない。そこで1966年秋から67年春にかけて思想調査（住民の再登録事業）が実施される。それにより、中央委員のなかで金日成派が多数派となり、15中総が秘密裏に開かれ、唯一思想体系が採択された。萩原遼氏はこれを「金日成のクーデター」と形容している。

反対派は収容所送りにされ、1968年に収容所内で大きな暴動が起きたという。金日成は軍隊を派遣しそれを鎮圧して、新しい教示を出した。元・収容所警備員である脱北者、安明哲《アンミョンチョル》氏が証言する有名な教示である。

「管理所（収容所）内で階級的仇《かたき》どもが暴動を頻繁に引き起こすなら、軍隊を配置し、ふたたび暴動が発生しないようにせねばならない」

「宗派主義者、階級的仇《かたき》どもは、その誰であるとを問わず、3代を皆殺しせねばならない[14]」

3代にわたって根絶やしにという指示が、家族ぐるみ収容所に送り込む連座制の引き金になった。北朝鮮の恐ろしい死の強制収容所の誕生である。[15]

今日のような恐ろしい強制収容所が完成するのは1968年から1973年にかけてであるが、その最大の功労者は金炳夏《キムビョンハ》である。『北韓人名事典』（北韓研究所、1996年版）によれば、金炳夏《キムビョンハ》は1969年1月に社会安全相、1972年12月から73年3月まで社会安全部相、1973年5月から83年まで国家保衛部長を務めている。1972年に社会安全省のなかに政治保衛局がつくられ、翌73年に独立して国家政治保衛部になったという。国家保衛部＝秘密警察が1973年に誕生したのである。

こうして、1967年5月の転換により、一人支配・強制収容所・秘密警察という、全体主義支配の3つの手段が整えられていくのである。

党の唯一思想体系確立の十大原則

1974年には、「党の唯一思想体系確立の十大原則」が登場する。

「偉大な首領金日成同志の権威と威信を毀損《きそん》させようとするどんな小さな要素も非常事

件化し、それと非妥協的な闘争を展開しなければならない」（第3原則第5項）
唯一思想体系がマルクスやレーニンと異質なものであり、まともな共産主義者ならとても承服できるものでないことは、十大原則を見たら一目瞭然である。1967年5月の15中総を境にしてどんな激烈な政治闘争が闘われたかは想像に難くない。多数の共産主義者が収容所送りにされ、その激烈な抵抗を力づくで抑えるため軍隊が収容所に常駐するようになり、金正日が絶対に秘密にしなければならないと判断したようなひどい収容所が完成したのである。軍隊で鎮圧する体制は、先軍政治の実質的登場である。
1967年5月を境に強引に断行された金日成神格化をおしすすめたのは、金日成総合大学を出たばかりの息子・金正日であった。われこそ後継者であるとの実績をつくるために、父親の神格化を図ったのである。
金正日は十大原則をつくり、強制収容所をつくりあげ、1970年代に全体主義体制を確立した業績が父親に認められ、1980年の第6回朝鮮労働党大会でナンバー2の地位を得て、後継者として指定された。しかしこのときも、社会主義社会で前例のない世襲制に多くの人が反対したはずである。そのことは、1982年に新たに4つの強制収容所がつくられ、6000～1万5000人がそこに収容されたことから推測される。(16)

この時期に、日本から北朝鮮に移住していた「帰国者」たちが、「言葉反動（マルパンドン）」として大量に収容所送りされたという証言がある。

■日本からの帰国者たちの悲劇――帰国者と強制収容所

第1章で見た国連報告書を出した調査委員会のマイケル・カーヴィー委員長は、東京での公聴会の折、「なぜ日本の人々の多くは、拉致問題には関心を示しても、半世紀前に日本から北朝鮮に渡った『帰国者』たちには関心がないのか」と問うていた。

帰国者たちの悲劇は1967年を境に始まったからだと私は答えたい。だから日本の人々は、1960年代前半に希望を抱いて笑顔で北朝鮮に渡っていった帰国者たちのその後の受難に気づかないまま、時が経ってしまったのである。1967年頃には、韓国の軍事独裁、中国の文化大革命、ベトナム戦争に注目が集まり、北朝鮮は死角になっていた。

日本で育ち教育を受けたインテリ帰国者たちは、唯一思想（金日成の神格化）に対して疑問を表明していった。彼らは再教育の対象（山送り＝収容所送り）となる。特に1973年から1980年にかけて「言葉反動（マルパンドン）」といわれた帰国者たちの大量検挙と山送りがあったことを、元・国家安全保衛部の役人、尹大日《ユンデイル》氏は証言している。

「北送されたのち、平壌をはじめとする大都市、すなわち清津《チヨンジン》、咸興《ハムフン》、元山《ウオンサン》、沙里院《サリウオン》、海州《ヘジユ》などに集中していた在日同胞たちの20％が、1973年から1980年までの間に、金父子を冒涜《ぼうとく》したという理由と体制を非難したという反動宣伝扇動罪、間諜《かんちよう》(スパイ)罪などで処刑されたり、政治犯収容所へ移住させられたりしたのである。

この時に捕えられた人たちに対して、北韓(北朝鮮のこと――小川)の保衛部内では〝言葉反動(マルパンドン)〟と呼んだ。彼らは実際の行動や行為はしなかったが、初歩的な言論の自由も全く許されていなかった北韓内で、言葉などで金父子を冒涜《ぼうとく》して体制を非難し、なすすべなく反動として引っぱられた人々だと言うことができる(17)」

1973年から1980年の間といえば、金炳夏《キムビョンハ》が保衛部長として辣腕《らつわん》をふるった時期であり、「党の唯一思想体系確立の十大原則」が現れたのが1974年、金正日が後継者に決まったのが1980年9月の第6回朝鮮労働党大会である。

日本からの帰国者たちが反発したのは、金日成の神格化と、社会主義国ではどこにも前例がない、権力の世襲制に対してであった。その反発はとても健全な反応であった。帰国者たちの勇気に対し、私たち日本人はもっと敬意を表し、その悲劇に深い痛みを覚えるべきである。世界人権宣言と瓜《うり》二つの今の日本国憲法で培《つちか》った、自由と平等の人権感覚が、強制収容所行きの原因になったのである。

考えてみれば、1959年12月から1984年まで25年間に日本から北朝鮮に渡った9万3000人余りの帰国者ほど悲運な人たちはいない。日本で帰国運動が大々的に起きた1958~59年頃、北朝鮮はまだ全体主義に移行していなかった。核心・動揺・敵対の3階級区分はできていたが、日本からの帰国者は動揺階級という位置づけではなかったかと思う。それが1967年以後の51成分分類で、32番目という敵対階級に位置づけられていくのである。

帰国者は1960~61年の2年間だけで7万人以上に達したが、このときすでに「敵対階級」と見られていたら、こんなに多くの人が北朝鮮に渡るはずがない。彼らが敵対階級に位置づけられるのは、唯一思想化（金日成の絶対化＝神格化）に多くの帰国者が反対していったからであろう。金日成よりもマルクスのほうを尊敬していたに違いないからである。彼らは井の中の蛙ではなかった。マルキストは彼らの悲運、犠牲、闘いを決して忘れてはならない。

帰国事業については、巻末の補論3と補論4でも補足したので、参照されたい。

4 全体主義の一層の軍事化——先軍政治

こうして、北朝鮮の全体主義化は金日成の神格化＝唯一思想体系の登場とともに始まるが、１９８９年から91年にかけての東欧とソ連の社会主義体制の崩壊に直面して、北朝鮮はみずからの体制を軍事力で守ることを決意し、先軍政治が登場することになる。『わが党の先軍政治』（朝鮮労働党出版社、２００６年）から、先軍政治の意味を以下４点にまとめることができる。

① 社会主義体制を軍事力で守る。

② 軍こそが党であり、国家であり、人民である。（これは北朝鮮の体制を必死で守る方式であり、世界の社会主義体制を守るうえで金正日がうちだした新しい方式である。）

③ 「先軍後労」を原則とする。労働者階級ではなく、首領決死擁護《ようご》と体制擁護《ようご》を自己の生命とする人民軍隊が、今や革命の前衛部隊である。

④　人民軍隊は、首領の命令を死を賭《と》して遂行し、首領を死を賭《と》して守る軍隊である。

軍隊は国家権力を構成する暴力装置の1つであり、最もむき出しの暴力（装置）である。すべてを軍事化することは、すべてを暴力化することである。現在、朝鮮人民軍の兵士は119万人とされ、[18] その人口比（4・8％）は世界でも突出している（韓国1・3％、アメリカ0・4％など）。人民の生命と人権を無視して軍事に動員し、内に向けては強制収容所で、外に向けては核・ミサイルによる威嚇《いかく》で、体制を維持しているのである。

この『わが党の先軍政治』は、金正日が先軍政治を1960年代末に始めたと指摘している（61頁）。このことは、北朝鮮の全体主義化、今日のような強制収容所体制が1960年代後半に始まったことを物語るものでもあって、貴重である。先軍政治が思想として登場するのは1989～91年以後であるが、先軍政治（労働者階級を軽視し、軍で金日成の体制を守る）は北朝鮮の全体主義体制そのものであったことに気づかされる。このことは、北朝鮮がいつ、どのような理由で全体主義化したかを明らかにしている。

注

（1）ハンナ・アーレント（大久保和郎・大島かおり訳）『全体主義の起源　3　全体主義』みすず書房、1974年、231頁。

（2）同、222頁。

（3）同、216頁。

（4）同、248頁。

（5）成蕙琅《ソンヘラン》（萩原遼訳）『北朝鮮はるかなり』上下、文藝春秋、2001年。

（6）萩原遼『ソウルと平壌』大月書店、1989年、140〜143頁「一九六七年の金日成のクーデター」参照。

（7）『月刊朝鮮』（韓国）1995年3月号の安明哲《アンミョンチョル》氏の証言。拙著『北朝鮮　いまだ存在する強制収容所』草思社、2012年、27頁を参照。

（8）尹大日《ユンデイル》『「悪の枢軸」執行部——国家安全保衛部の内幕』月刊朝鮮社（萩原遼訳『北朝鮮・国家安全保衛部』文藝春秋、2003年）。

（9）2000年以降、「牧場指導局」に呼称が変更になったとの証言もある。

（10）その前年、1966年10月12日の14中総で、党委員長制が総書記制に変えられ、軍人が大量に抜擢《ばってき》された（金昌順《キムチャンスン》「金日成体制論」『思想界』〈韓国〉1967年1月号）。この14中総が、組織・機構上の転換点と見られる。本書では全体主義への転換点を1967年5月の15中総としているが、細かくいえば、「1966年10月の14中総から翌年5月の15中総にかけて」と幅を持たせるのが正確である。

(11) 萩原遼『朝鮮戦争――金日成とマッカーサーの陰謀』文藝春秋、１９９３年。
(12) 黄長燁《ファンジャンヨプ》（萩原遼訳）『金正日への宣戦布告――黄長燁回顧録』文藝春秋、１９９９年。
(13) １９３７年６月４日、咸鏡南道《ハムギョンナムド》甲山《カプサン》郡普天堡《ポチョンボ》の警察の派出所を金日成らが襲撃したという戦い。
(14) この教示のほうは１９７２年の教示であると解する者もあるが、私は１９６８年教示と考える。
(15) １９６０年代初期には2か所の政治犯収容所があったと尹大日《ユンデイル》氏は指摘しているが、これらは文字どおり政治犯（政敵）らしき者を入れた収容所であり、現在の強制収容所とは性格が異なる。尹大《ユンデ》日《イル》『「悪の枢軸」執行部――国家安全保衛部の内幕』月刊朝鮮社（萩原遼訳『北朝鮮・国家安全保衛部』文藝春秋、２００３年）。
(16) ミネソタ弁護士会国際人権委員会・アジアウォッチ編（小川晴久・川人博訳）『北朝鮮の人権』連合出版、２００４年、１０８~１０９頁。
(17) 尹大日《ユンデイル》『「悪の枢軸」執行部――国家安全保衛部の内幕』月刊朝鮮社、33頁（萩原遼訳『北朝鮮・国家安全保衛部』文藝春秋、２００３年、40頁）。
(18) ミリタリーバランス２０１４推定値（外務省発表）。

第3章

北朝鮮での「人権」観

北朝鮮の国家による人権侵害は、今では世界中の知るところとなっている。強制収容所の存在も、複数の体験者の手記や人工衛星写真の分析によって明白となった。しかし北朝鮮当局は依然として、「わが国に政治犯という言葉はない、したがって政治犯収容所は存在しない」と言いつづけている。

この章では、北朝鮮当局が人権に対してどのような態度をとっているか、なぜ強制収容所の存在を否認するのかを見ておきたい。

1 人権に対する北朝鮮当局の態度

北朝鮮は建国直後、妓生《キーセン》（賤民《せんみん》のひとつ。芸者）の廃止のように、女性差別撤廃のための法律を施行するなど、人権改善に努めていた。現行の憲法にも、言論、出版、集会、示威《じい》、結社の自由などの人権は明記されている。

そのうえ1981年9月には、世界人権宣言を具体化した2つの国際人権規約（市民的政治的権利に関する国際規約、社会的文化的経済的権利に関する国際規約）を批准している。19

81年は、金正日《キムジョンイル》が後継者に決まった年の翌年である。全体主義国家になって10年余り経っている。見せかけの措置、世界の目をあざむく批准でしかなかったが、世界がそれに気づくまでには長い年月がかかった。

北朝鮮当局の本音が語られたのは、1990年の金日成《キムイルソン》演説であった。（西側）帝国主義勢力は民主主義と人権を、わが国（北朝鮮）の体制を崩壊させるための「平和的移行戦略」として用いている、と言明したのである。この金日成の人権観により、北朝鮮当局が人権を尊重する態度をもっていないことがはっきりした。

それは1995年6月24日北朝鮮当局が発表した「真の人権を擁護《ようご》して」という長大な論文（「労働新聞」に掲載）のなかでもはっきり示された。その骨子は2点である。1つは、「反革命分子」は「人間のクズ」であるということ。姜哲煥《カンチヨルファン》氏ら、北朝鮮を脱出して世界で強制収容所の体験やその廃絶を訴えている者たちが、念頭に置かれているだろう。いま1つは、北朝鮮では、体制を守る「国権」こそ人権であるということである。国権こそ人権であるというのは、ゾッとするような規定である。

しかし人権に対する無理解を示す北朝鮮当局も、1990年代の、300万人も餓死者を出したといわれる食糧難のなかで、国連の支援、世界の支援を受け入れざるをえなかった。栄養失調で子どもたちが死んでいく。食糧を求めて脱北した若い女性たちが、人身売買の対象にされる。これらの事態のなかで国連関係機関の働きかけがあったのであろう、北朝鮮は新たに2つの国際条約に加入した。子どもの権利条約（1990年に加入）と女性差別撤廃条約（2001年に加入）である。また、人権という言葉が刑事訴訟法（1992年）、弁護士法（1993年）、憲法（2009年）に登場することになった。

これらは先の金日成教示（「平和的移行戦略」論）からすれば矛盾した行為であるが、国連加盟国の一員としてそれに応じざるをえない措置だったのであろう。人権の力がここにある。

生命を危機に追い込む人権侵害に対する怒りは、国境を越えて普遍的である。北朝鮮当局は人権を敵視・警戒しつつも、完全に無視することはできないのである。人権の力に依拠して私たちは、北朝鮮の強制収容所問題の解決に立ち向かうのである。

2 北朝鮮の「公民の権利」は人権か

先ほど、北朝鮮の「現行の憲法にも、言論、出版、集会、示威《じい》、結社の自由などの人権は明記されている」と述べた。しかし正確に言えば、これは間違いである。憲法第67条は言う。「公民は言論、出版、集会、示威《じい》および結社の自由を持つ」と。この「公民」という主語が曲者《くせもの》である。

第1章に紹介した国連報告書を読んで知ったのは、強制収容所に入ると公民権が剥奪されるという事実であった。北朝鮮の刑法を見ると、「無期労働教化刑、有期労働教化刑の執行期間には公民の基本権利が停止される」（第30条）とある。停止とは聞こえのよい表現であるが、端的に言えば剥奪である。

北朝鮮も加入している市民的政治的権利に関する国際規約の第10条には、「自由を奪われたすべての者（被告人、被拘禁者など――小川）は、人道的にかつ人間の固有の尊厳を尊重して、取り扱われる」とある。人権とは人間の固有の権利であって、剥奪されるものではない。刑務所の囚人にも人権はある。剥奪されるようなものは人権ではないのだ。

北朝鮮では、強制収容所に入れられると公民権が剥奪される。公民権が剥奪されると「人間のクズ」になる。「人間のクズ」に対しては、何をしても許される。殺しても構わない。

つまり北朝鮮の公民権は人権ではないのである。憲法第67条は一見、人権のようであるが、実は人権でもなんでもないのである。

北朝鮮から脱出したインテリたちも、人権というものを全く知らなかったという。北朝鮮には人権の思想が全くないのである。

強制収容所では公民権が一切剥奪されるということに、強制収容所の恐ろしさが集約されているが、それは北朝鮮社会に人権の思想や概念が全くないことの反映でもある。

しかし、先に記したように１９９０年代以降、人権の尊重という言葉が北朝鮮の法の中に少しずつ入るようになった。この矛盾は先述のように貴重である。

3　北朝鮮当局の「政治犯収容所」否認

この20年、強制収容所体験者の手記が世に現れ、かつ人工衛星写真により裏づけられていながら、北朝鮮当局が一貫して収容所の存在を否定しているのはなぜなのか。

その第一の理由は、強制収容所の存在が外部に知られたら金日成の威信に関わるので絶対に秘密にしなければならないという、金正日の厳命である。[1] しかし、あと2つの理由があることに気がついた。

■収容者は「政治犯」ではない

その1つは、北朝鮮当局が一貫して言う、「わが国には政治犯という言葉がない、したがって政治犯収容所は存在しない」という主張にある。

第2章で見たように、ハンナ・アーレントは『全体主義の起源』で、政治犯（政敵）がみな粛清され、いなくなってから、全体主義体制が始まると指摘した。彼女は全体主義の3つの支配手段の1つに強制収容所を挙げるが、そこに入れられている人はみな、無実の人々であると主張していた。北朝鮮の強制収容所も全く同じで、入れられているのは政治犯ではないのである。それを政治犯収容所と呼ぶのは不正確であり、はっきり言えば間違いなのである。

その意味では、北朝鮮当局が「わが国には政治犯という言葉はない、したがって政治犯収容所は存在しない」と言うのは正しい。

存在するのは、ナンバーを付けられた「管理所」である。管理所とは、人を管理する所であり、管理とは、労働によって不平不満の思想を改造することである。したがって、「強制労働収容所」が正確な呼称である。英語としてはlabor campでいいのである。不平不満分子とその血縁家族を1か所に集中させて強制労働させている所という意味では、concentration campでもある。第1章に紹介した国連報告書は、政治犯収容所political prison campと表記しているが、不適切である。

　北朝鮮当局の言い分は、わが国は全体主義の国だから政治犯はいない、だから政治犯収容所はなく、存在するのは、誤った考えを強制労働によって改造する「管理所」という名の強制労働改造施設である、と解すべきなのだ。

　北朝鮮では刑務所を「教化所」と言っている。教化所とは、強制労働によって考え方や行いを改める所という意味である。北朝鮮当局は教化所の存在は認めている。最近は脱北者を捕まえて懲《こ》らしめる全巨里《チヨンゴリ》などの教化所で、管理所（強制収容所）と区別がつかないくらいひどい人権抑圧がされていると報告されているが、北朝鮮当局は教化所の存在までは認めても、管理所（強制収容所）を徹底的に隠しているのである。

　広大な農場や牧場に擬装《ぎそう》している管理所、それを強制労働収容所であると認めさせ、廃止させることが大切である。

■嘘を嘘と認める力

北朝鮮当局が強制収容所の存在を否認する、もう1つのたいへん厄介《やっかい》な理由は、第2章で見た〝嘘のヒエラルヒー〟である。

北朝鮮当局者や、国連会議の場での北朝鮮代表部の役人たちは、強制収容所の存在を否定しないと、自分とその家族が強制収容所送りになるという恐怖の構造からそうするのだと、いちおう説明できる。しかし、嘘のヒエラルヒーはもっと根深い問題である。

ハンナ・アーレントは『全体主義の起源』のなかで次のように言う。

「残念ながら全体主義のシステムには……正常な結果に向かわせない装置が整っている。このシステムはあらゆる現実を抹殺して虚構と置き替えてしまっている以上、現実の持つあの力――通常ならば嘘つきの正体を暴露《ばくろ》するか、あるいは彼のついた嘘の実行を迫るかする筈《はず》のあの力をも同時に滅ぼしてしまっているからである(2)」

「現実を抹殺して虚構と置き替える」とは、北朝鮮について言えば、強制収容所という現実を抹殺し、集団農場（牧場）という虚構に取り替えていることである。否、金正日の厳命によって、収容所は存在しないとされたから、集団農場（牧場）と見なすどころか、管理所の存在そのものすら否定しているかもしれない。

あるいはこういう例も考えられる。平壌《ピョンヤン》には核心階級しか住めない。良い成分の者しか住めない。彼らにとって平壌は世界一美しい都市である。だから浮浪児（コッチェビ）はいてはならない。身体障害者もいてはならない。彼らから見て美しくないものは全部、外に追放するのである。しかしそんなことが実際にできるわけがない。平壌も裏に回れば汚れた場所があるという。コッチェビも数十万人も隠れ住んでいると、国連報告書は言う。これが現実なのだ。しかし核心階級の観念の中では、平壌は世界一美しい都市でなければならない。現実の平壌が抹殺されて、虚構の平壌に置き換えられている。

同じように、北朝鮮には政治犯（独裁体制への挑戦者）はいてはならない。政治犯収容所はあってはならない。虚構の北朝鮮には政治犯収容所は存在しないのだ。「わが国には……」の「わが国」は、虚構の北朝鮮なのである。

ハンナ・アーレントが指摘したのは、全体主義では、現実を素直に認める力、現実の力が失われてしまっているということだ。現実を抹殺して虚構と取り替え、虚構の中を生きつづけることによって、不義・不正を素直に認める力、人間なら誰でも持っている力を喪失してしまっているということだ。この問題に気づかない外部の人間（私もその1人であった）にとって、北朝鮮の国連代表部の大使たちのふるまいは、厚顔無恥としか解せない。良心の呵責《かしやく》もなくなってしまっているのである。

良心の呵責《かしやく》を失った者の姿を私たちは、強制収容所の役人たち、看守たち、国家安全保衛部の役人たちに見る。全体主義の恐ろしさは、良心の呵責《かしやく》のない人間を大量につくりだすところにある。その代表は金日成・金正日父子であり、金正恩《キムジョンウン》である。

罪のない人たちが家族ぐるみ収容所に入れられ、人間の尊厳をすべて剥奪《はくだつ》されて、強制労働で死に追いやられているのが現実である。この現実をどう打破して、この不正に終止符を打つか。自由と人権を享受できている外部の人間（私たち）は、考え、行動しなければならない。人類が依拠すべきは人権の力である。

注

（1）安明《アンミヨンチヨル》 哲氏の証言による。

（2）ハンナ・アーレント（大久保和郎・大島かおり訳）『全体主義の起源　3　全体主義』みすず書房、1974年、134頁。

第4章

人権の思想、人権の力

１９４８年に成立した世界人権宣言は、前文で４つの自由を宣言した。言論の自由、信念の自由、恐怖からの自由、欠乏からの自由である。北朝鮮に餓死者が大量に出るに及んで、この４つの自由がすべて無い国になってしまったと世界が気づいてから10数年。第１章に見た国連報告書による詳細な立証は、人権の力の成長なくして実現しなかった。北朝鮮の人権を改善するために、人権の力が大きく登場したのである。

人権の力とは何か。私がそれを知るに至った話から始めたい。

1　人権思想との出会い

１９４１年生まれの私は１９４７年に小学校に入り、民主主義と人権を重んずる現憲法の下で教育を受け、今日まで生きてきた。日本の歴史のなかでも、最も恵まれた時代を生きることができた。日本国憲法は国民主権、平和主義、基本的人権の３大柱で成り立っていると教わり、それが身体にしみ込んでいる。

しかし、基本的人権が日本国憲法の根幹の１つだという認識はありながらも、人権が世界のなかで、人類のなかでいちばん大切なものであるという認識はもっていなかった。私が人権の思想に目覚めたのは、約20年前に北朝鮮の強制収容所の存在を知り、驚愕《きょうがく》のうちにこの問題にとりくむようになったからである。私はいま、世界人権宣言こそ、人類が生み出した最高の遺産と考えるに至っている。

世界人権宣言の価値に気づくまでに2つの契機があった。

尹玄《ユンヒョン》さんの言葉

1つは、今年（2014年）85歳を迎えた韓国の人権活動家、尹玄《ユンヒョン》さんの指摘である。

1994年に私は仲間と共に「北朝鮮帰国者の生命《いのち》と人権を守る会」をつくった。尹《ユン》玄《ヒョン》さんとの出会いは翌1995年の暮、ソウルで開かれた北朝鮮人権3国国際会議に、私がこの会を代表して参加したときであった。尹玄《ユンヒョン》さんたちも1996年5月に「北韓人権市民連合」というNGOをつくられ、以来この2つのNGOは共同で『生命《いのち》と人権』という季刊誌を発行し、英文で北朝鮮の強制収容所問題を世界に訴えつづけてきた。日本側の参加は第15号くらいまでで終わり、以後第60数号まで韓国側の努力でこの季刊誌は国際世論づくりに大きな役割を果たし、国際会議も12回まで組織している。

尹玄《ユンヒョン》さんは1974年頃、韓国の朴正煕《パクチョンヒ》軍事政権下でアムネスティ韓国支部をつくった人でもある。北朝鮮の強制収容所問題にとりくむなかで、ある日、尹玄《ユンヒョン》さんは私に次のような質問をされた。

「小川さん、世界人権宣言はどうして第2次世界大戦後、いち早く1948年にできたと思いますか?」

私は答えられなかった。

「それは、もう二度とこういう世界大戦を起こさないためですよ。戦争を起こす勢力は必ず、まず自国内の人権を抑圧する。だから戦争を防ぐには、人権の思想を普及し定着させる必要があるからです」

私は尹玄《ユンヒョン》さんの説明に心から納得し、これ以来、世界人権宣言がしっかり頭の中に入ったのである。

■H・Gウェルズの人権思想

次の契機はH・G・ウェルズとの出会いであった。

ウェルズが1913年に書き1914年早々に発表したSF小説『解放された世界』の

岩波文庫版が、1997年8月に出版された。私は岩波書店の友人から偶然、この本をいただいた。

この小説の内容もさることながら、巻末に付された訳者・浜野輝《てる》氏による長い解説が、私の目を引いた。「ウェルズと日本国憲法」と題されていた。私が浜野氏に導かれてわかったのは以下のことである。

ウェルズは大学で理科系の勉強をした生物学者で、文筆家として生計を立てていた。1914年に発表したSF小説『解放された世界』で、1956年にヨーロッパで核戦争が始まるという想定をした。小説発表当時はまだ原子爆弾はつくられていなかったので、後にアメリカで原爆がつくられ広島・長崎でそれが実際に使われて、世界はウェルズの先見の明に驚かされることになる。それはともかく、ウェルズは、この小説を発表した年に第1次世界大戦が勃発したことに多大なショックを受け、戦争をなくすには何が必要か、真剣な探究に進む。

第1次世界大戦の後にできた国際連盟もウェルズの構想のひとつであったが、アメリカやソ連が参加しなかったことに失望し、彼は世界の歴史の勉強に取りかかる。『世界文化史』に関する著作はその成果である。戦争をこの世からなくすには何が必要なのかを必死に考えつづけ、人類史の叡智《えいち》の結晶を経てついにそれが人権の思想であることにたどり着いた。それが『人間の権利』（1940年）である。後の世界人権宣言の母体になる人権宣言（全10か条）を解説したものである。

彼は世界の3大指導者であるルーズベルト（アメリカ）、チャーチル（イギリス）、スターリン（ソ連）に手紙を書き、人権の大切さを訴えた。アメリカに飛んでルーズベルトには3度（1934年、35年、37年）会っている。

そしてルーズベルトは1941年1月6日、4つの自由（言論の自由、信念の自由、恐怖からの自由、欠乏からの自由）に関する有名な一般教書演説をおこなう。

人権条項の豊かな日本国憲法の産みの親はアメリカのルーズベルトおよびニューディール派と一般には解されているが、正確には産みの親はウェルズ（イギリス）とルーズベルト（アメリカ）だと解すべきである。

ルーズベルトは1945年4月に急逝《きゅうせい》してしまうが、1948年12月10日に国連総会で採択された世界人権宣言は、ルーズベルト夫人（エレノア）が委員長を務めた人権委員会が起草したものである。世界人権宣言の産みの親も、ウェルズとルーズベルトと言ってよい。

第2次世界大戦をふり返っても、戦争を起こそうとする者はまず自国内の人権を抑圧する。言論・表現の自由を抑圧し、反戦の声を封じる。逆に、人権の思想を広げ、それを社会に定着させれば、為政者《いせいしゃ》は戦争を起こせないことになる。

日本国憲法はアメリカから押しつけられた憲法という見方があるが、戦争を起こさせないためにウェルズ（イギリス）からも押しつけられたと解すべきである。

▩ウェルズも知っていた強制収容所

ウェルズの『人間の権利』（1940年）には、1939年、ナチス・ドイツがポーランドに侵攻して第2次世界大戦が始まった直後にイギリス政府が出した、『鉤《かぎ》十字の印』という、ドイツの強制収容所に関する白書が出てくる。ドイツの強制収容所は1938年からつくられるが、この白書はダッハウやブーヘンヴァルトの初期の強制収容所の暴露《ばくろ》である。収容所体験者でイギリスに亡命した人々の体験記が、その白書には載っていた。

ウェルズは、ドイツとの戦争に参加するイギリスの青年たちにそれを読ませた。青年たちは初め、それを信じようとはしなかった。ヨーロッパの真ん中でそのようなことが起きているとは信じがたかったのである。しかし、しぶしぶそれが事実であることを知って彼らはこう叫んだという。

「『これらのナチたちはあまりにひどい』と彼らは叫んだ。戦争目的の宣言で彼らが望んだ最初のことは、こんなことは二度とこの世に起きてはならないという単純な表明だった」

このときアウシュヴィッツ（ガス室で殺す絶滅収容所）はまだ生まれていなかった。ブーヘンヴァルトに象徴される初期の収容所は、苛酷な強制労働をさせるもので、今の北朝鮮のそれと瓜《うり》二つの収容所であった。

ウェルズが紹介したイギリスの青年たちの叫びは、私たちが北朝鮮の強制収容所体験者の手記を読んだときに発する声と全く同じである。

〝こんなことがあってはならない。即刻中止させねばならない。この世に二度とこんなことが起きてはならない〟

ドイツはヨーロッパを武力で侵略していた。イギリスはドイツに宣戦布告し、青年たちは戦争に狩り出されていた。彼らが戦地に出かける理由の1つは、この地上に二度とこのような収容所がつくられてはならないというものであった。

現在北朝鮮は、ヒットラーのドイツのように他国を武力で侵略してはいない。したがって軍事力で北朝鮮の強制収容所を廃絶することはできない。そうしようとすれば北朝鮮は核兵器を使い、核戦争にもなりかねない。では北朝鮮の体制がみずから崩壊するのを待つしかないのか。

私は否と叫びたい。たとえ北朝鮮の体制が続いていても、強制収容所の残虐さはこの瞬間にもなくさなければならない。平和的な方法で——それは人権に依拠する方法である。

私が尊敬する韓国の人権活動家、金尚憲《キムサンホン》さん（北朝鮮人権情報データベースセンター）はこう言われた。「30年前まで世界は、人権弾圧の独裁国家に覆われていました。しかし、この30年の間に、人類史上かつてない奇跡が起こりました。それは、名もない世界の市民たちが、世界のいたるところで立ち上がり、人権を叫んだこと、それによって独裁国家のほとんどが消え、民主主義政府に置き換えられたことです」と。(1) 人権の力の勝利である。

人権の力を示す2つの実例を見よう。

2 人権の力 先例1――東欧・ソ連とヘルシンキ協定

■ヘルシンキ協定

ソ連も、強制収容所（グラーク）を体制維持に活用していたことで有名である。1989年から1991年にかけての東欧の体制転換とソ連の解体には、1975年に採択されたヘルシンキ協定が大きな役割を果たした。

ヘルシンキ協定とは、東西冷戦のなかで、西側諸国15、東側諸国6、非同盟・中立諸国13の計34か国が参加した欧州安全保障協力会議（CSCE）の合意文書である。

その内容は、「地中海地域の安全と協力に関する問題」と「会議の再検討」の部分を除くと、3つの部分（バスケット）からなる。第1バスケットは安全保障、第2バスケットは経済、科学技術および環境分野における協力、第3バスケットは人道など（人と情報、文化・教育分野）の協力である。

第1バスケットには10の原則が明記された。①主権平等、②武力による威嚇《いかく》または武力行使の抑制、③国境不可侵、④国家の領土保全、⑤紛争の平和的解決、⑥内政事項への不干渉、⑦思想、良心、宗教の自由を含む人権および基本的自由の尊重、⑧人民の同権と自決権、⑨国家間の協力、⑩国際法の義務の誠実な履行である。(2)

■人権条項無視の思惑を超えて

第1バスケットのほとんどが安全保障の問題であるのに、第7原則は人権条項である点が特異である。事実、ヘルシンキ協定調印前に協定の内容を討議したソ連共産党政治局会議では、第7原則と第3バスケットをめぐり、多くの政治局員が調印に反対したという。しかしブレジネフ首相とグロムイコ外相は、人権条項で失うものよりも、協定全体から得るもののほうが多いとし、また、調印した後で実際に何を履行し何を無視するかを決めるのはわれわれだ（人権条項は無視すればいい）と言って、調印を強行したという。(3)

CSCEの設置はもともとブレジネフら東側（ワルシャワ条約機構諸国の側）から提起されたものであり、第1バスケットの内容もヨーロッパにおける国境線などの現状維持をねらったもので、東側の要求にかなっていた。しかもソ連もアメリカ（国務長官はキッシンジャー）も、CSCEを早期に終わらせる密約を交わしていた。

しかし米ソの思惑はイギリス、西ドイツによって拒《こば》まれ、結果としてCSCEは長期に存続することになった(4)。

■人権条項の履行を監視する動き

CSCEを実効性あるものにしたのは、「再検討会議」と「履行監視」である。

再検討会議は、ヘルシンキ協定の各国での履行状況を検討したうえで、新たな提案をおこない発展させていく会議である。

履行監視は、政府、議会、政党等が各国の人権侵害を批判する公式のものも、市民グループによるものもあった。重要なものとして、アメリカ議会の下につくられた「米国全欧安全保障協力委員会」と、ソ連の市民による「ヘルシンキ履行監視グループ」がある。前者の設立には女性下院議員フェンウィックのがんばりが大きかった。

後者は1976年5月12日にオルロフら11名によって組織されるが、このグループに対する弾圧は厳しく、主要メンバーの逮捕により、1982年9月8日、195号の文書を出して活動を停止する。しかしこのグループは、ウクライナ等の他のソ連内共和国だけでなく、チェコスロバキアの「憲章77」やポーランドの「連帯」の前身ともいえるKOR

（社会自衛委員会）の出現と活動に影響を与えたという。[5]ソ連・東欧の内部に、政府が人権を尊重しているかどうかを監視する動きが高まっていくきっかけになったのである。

また、1978年に、ソ連のヘルシンキ協定違反を監視する組織としてヘルシンキ・ウォッチが設立され、世界各地に監視委員会を設立していく。そして1988年にこれらの監視委員会を統合してヒューマン・ライツ・ウォッチと改称したものが、今ではよく知られる世界的な人権NGOとなったのである。

人権思想にふれるきっかけに

外池力《といけつとむ》氏は、ソ連が〝外交上の勝利〟としてヘルシンキ協定の全文を「プラウダ」（ソ連共産党の機関紙）で紹介したことの重要性を指摘している。ソ連では、一般の市民に世界人権宣言や国際人権規約をほとんど知らせないままであったが、ヘルシンキ協定全文の紹介により、人権の重要性が国民に知らされることになったというのである。[6]
北朝鮮は2004年に『朝鮮民主主義人民共和国法典（大衆用）』を出版したが、1095頁から成るこの大法典のどこにも、国際法は1つも掲載されていない。世界人権宣言や、北朝鮮も批准している2つの国際人権規約を、北朝鮮の人々が知ることができれば、どんなに大きな感銘を受けることだろう。その後に批准した女性差別撤廃条約や子どもの権利条約は、国民に知らせているのであろうか。

北朝鮮には、1975年のヘルシンキ協定に当たるものが、まだ実現していない。ソ連や東欧の人々は、ヘルシンキ協定を介して人権の何たるものであるかを知ることになったが、北朝鮮の人々にはそれすら与えられていない。

しかし第3章でふれたように、1992年に刑事訴訟法に「人権」の言葉が入り、2009年に憲法にも「人権の擁護《ようご》」がうたわれた。憲法は以前から「言論、出版、集会、示威《じい》および結社の自由」「信仰の自由」を明記しているが、これらの条項は今回登場した「人権」の言葉と結びつくことによって、新たな力を芽生《めば》えさせる可能性がある。探求してみる価値がある。

世界人権宣言の主要な命題は、北朝鮮ではどこを探しても一切見ることができないのか、調べてみる必要がある。かつて北朝鮮にあった良書は、1967年の5・25教示以後、1970年代半ばまで続いた「図書整理事業」によって一掃されたというが、世界人権宣言も葬《ほうむ》り去られたのだろうか。もしそうなら、世界人権宣言を北朝鮮内部に紹介する活動を開始すればよい。ヘルシンキ協定に当たるものを、北朝鮮内外から生み出していけばよい。

3　人権の力　先例2——中国の労働教養所廃止の動き

▩中国の強制収容所

中国にも強制収容所がある。労働改造所と労働教養所である。労働改造所は裁判を経て刑期が確定して収容する所であるが、労働教養所は裁判なしで公安当局の判断で、３年間拘留し強制労働させる所であり、１９５７年から実施されている。

労働改造所は、そこで約20年も苦吟《くぎん》したハリー・ウー氏の告発で、ラオガイ（労改）が国際語になるほど全世界に知られるようになった。中国政府は１９９４年に労働改造所を監獄に統合したが、ハリー・ウー氏たちは闘いを続けている（ハリー・ウー氏が設立したLaogai Research Foundation のウェブサイトを参照）。

▩労働教養所の廃止決定をもたらした運動

労働教養所については、ここ数年、中国内部に、廃止に向けた注目すべき動きがある。

２０１３年12月28日、全国人民代表者会議（中国の議会）常務委員会は、労働教養所廃止の決定を承認したという。

労働教養所の廃止決定に至るまでには、アムネスティ・インターナショナル本部の国際的な強い勧告があって、中国内部の人々を励ましてきた。

また、２０１２年４月に中国内部で制作された告発映画『小鬼頭上的女人』（馬三家《マーサンジャ》女子労働教養所の女性たち）の影響も大きかった。２０１０年から２０１２年にかけて、馬三家《マーサンジャ》女子労働教養所に囚われていた女性たちが、自分が受けた拷問を布地に日誌として記録し、その一枚一枚が、出所する女性たちによって密かに外部に持ち出され、杜斌《トウビン》という監督によって記録映画にされた。それがインターネットに載って全世界を駆けめぐっているのである。２０１２年に釈放されたある女性が約１００分、早口で証言する映像である。

杜斌《トウビン》監督は中国当局によって逮捕・拘禁された（38日後に釈放）。画面に登場しつづける女性の勇気ある証言を聞き見るかぎり、中国当局もひどい拷問をおこなっていて、その限りでは北朝鮮当局による拷問と変わらないことを思い知らされる。

■北朝鮮強制収容所の訴えを中国政府に

私はかねてから、北朝鮮の人権問題に関して、中国政府に改善のイニシアティブをとってもらいたいと考えてきた。中国政府は北朝鮮に対し、自分たちと同じ改革開放の道を歩んでもらいたいと考えていたはずである（鄧小平が金日成に改革開放を勧告し、金日成が拒否したことがある）。中国の強制収容所は連座制ではなく本人だけを入れるものであり、文通も差し入れも許されている。せめてそれらの点を改善せよと、中国政府が北朝鮮当局に忠告してもいいはずだ。

中国当局もひどい拷問をおこなっている。そんな中国に期待する私は、友人に笑われたこともある。しかし私は、労働教養所でのひどい仕打ちを外の世界に訴えようとした人々が中国にいる事実に、大いに注目したいのである。杜斌《トウビン》氏の映画で約100分にわたってカメラに向かって訴えている女性。字幕に「上訪人《シャンファンレン》」という文字が時々出る。私の古い中国語辞書には載っていない。インターネットで調べると、地方の役所の仕打ちのひどさを法律にもとづいて訴えるために、地方から上京した人々のことだという。馬三家《マーサンジャ》女子労働教養所での不当な仕打ちを出所して訴える「上訪人《シャンファンレン》」が多数登場していること、それを映像にして国内外に訴える杜斌《トウビン》氏のような人々がいること、このことだけでも、北朝鮮の内部とは違う。

北朝鮮の苛酷な条件と、改革開放の進んでいる中国とは、確かな違いがある。私たちが北朝鮮の人々の代わりに、中国政府への「上訪人《シャンファンレン》」になることにも意味があるはずである。

北朝鮮14号管理所に生まれ育った申東赫《シンドンヒョク》氏の体験記『Escape from Camp 14』の中国語（繁体字）訳『逃出14号労改営』が２０１２年2月、台湾で出版された。これが大陸の中国人に読まれることが必要だ。また、２０１２年にドイツで制作された申東赫《シンドンヒョク》氏証言による記録映画『Camp 14: Total Control Zone』（１０４分）に中国語の字幕を付して、DVDを大陸中国に普及させるとよい。労働教養所を廃止に追い込んだ中国の人々がこれらを読み、観たら、北朝鮮の「労改」「労教」を廃止に追い込む力になってくれるだろう。

注

（1）金尚憲《キムサンホン》氏の２０１４年4月12日の講演が、NO　FENCE（北朝鮮の強制収容所をなくすアクションの会）のウェブサイトに紹介されている。

（2）宮脇昇「国際政治における嘘と〈as if game〉――冷戦期のＣＳＣＥと人権ＮＧＯ」『政策科学』第14巻第2号、２００７年、61頁。

（3）同、67頁。

（4）山本健「ＣＳＣＥとＭＢＦＲ――米ソの密約と西側同盟国の抵抗、１９７１～73年」『早稲田政治経済学雑誌』第３７２号、２００８年。

（5）外池力「ＣＳＣＥと人権」『明治大学社会科学研究所紀要』第33巻第2号、１９９５年、２５６頁。

（6）同、２５６～２５７頁。

第5章

北朝鮮に人権をもたらすために

北朝鮮の人権問題の根幹は、強制収容所である。

北朝鮮に現在のような強制収容所ができてから40年以上も経つ。体験者の手記が世に出てからでも20年。

内部から打開の動きがあってもよさそうなのに、連座制の収容所と相互監視・密告制度、先軍政治ゆえに、それが完全に封じ込められている。まさに一人ひとりの生命《いのち》が体制（権力）によって握られているのである。

自由に溢れる外の世界が、北朝鮮内部の人たちを救出すべく努力するしかない。事態が変わらないのは、外の世界のとりくみがまだまだ不足しているからと考えざるをえない。

今回の詳細な国連報告書は、国際的な関心を高める契機となりつつある。

1　北朝鮮の人権問題にとりくむ理由

■根本的な理由

日本に住んでいる私たちが、北朝鮮の人権問題にとりくまねばならない理由は何だろうか。

人の生命が暴力によって踏みにじられていることへの憤《いきどお》り、これに尽きる。この世に生を享《う》けた以上、人はその生を全《まっと》うしたいと思う。人には他人の生を殺《あや》める権利はない。逆に、人は人を救出する義務、人を暴力から守る義務がある。強制収容所の実態を知れば誰でも、怒りを禁じえないはずである。その怒りに国境は関係ない。

外部の者が北朝鮮の人権問題に口を挟《はさ》むのは、内政干渉になるのでよくないという意見もあろう。北朝鮮当局もそう言っている。だが、強制収容所があるため北朝鮮内部の人々は声をあげられないのだから、外部の者が立ちあがるしかない。

この問題については、2005年10月から、新しい国際原則が国連で承認された。「保護する責任」(Responsibility to Protect)である。これは、もしその国の政府が自国民の大量虐殺を防ぐことができないなら、国際社会(国連)が代わりにその国の人々を保護する責任があるという原則である。1994年のルワンダの悲劇などの経験から生まれた、いわば「内政干渉の責任」である。いまや国際社会はこれを北朝鮮に対し実行しなければならない。今回の国連報告書もそのことを強く主張している。

日本人の責任

生命の蹂躙《じゅうりん》に対する怒りに加えて、日本の人たちがとりわけ北朝鮮の人権問題にとりくむべきだと私が考える理由もある。

第1は、36年間の日本の朝鮮支配からくる責任である。

1910年から45年まで36年間、日本が朝鮮を植民地支配しなければ、朝鮮が南北に分断されることはなかったであろう。

日本も敗戦によって沖縄などが本土から分断された。もし日本が朝鮮を支配していなかったら、日本は愛知県あたりで東西（南北）に分断されていてもおかしくなかった（東西に分断されたドイツを見よ）。本土のど真ん中での分断の代わりに、朝鮮半島の分断になったのである。

それでも、北朝鮮が自主性の社会主義建設を続けて、健全な社会主義国になっていたら、日本の植民地支配による分断の責任は少しばかり薄らいだかもしれない。だが、北朝鮮が1967年を境に全体主義国家となり、今日のような暴力（＝軍事力と強制収容所）で支配する人権ゼロの国になってしまってみると、日本の植民地支配の責任が大きく浮かび上がってくる。

日本人が36年間の植民地支配を反省するのであれば、北朝鮮の人々に人権が回復するよう努める義務と責任がある。

第2は、世界人権宣言と双子のような憲法をもつ国の人間としての責任である。戦争放棄の平和主義、国民主権、基本的人権の3つを柱とする現行の日本国憲法は、1948年に実現した世界人権宣言と瓜《うり》二つのような、人権条項に溢れる憲法である。

この憲法は日本人民がみずから勝ち取った憲法ではない。アメリカ（ルーズベルト）とイギリス（H・G・ウェルズ）、世界の平和勢力から与えられた憲法である。台湾・朝鮮を植民地にし、15年の侵略戦争をおこなった日本が享受する資格のないほどの、立派な気高い憲法である。ところが、支配された朝鮮の北半部のほうが、一片の人権もない国に落ちてしまっている。

日本人は、溢れるような人権を、自分たちのためだけに行使していい歴史をもっていない。北朝鮮の人々の人権回復のために、日本人が日本国憲法の人権思想に依拠して努力することは、歴史的に課された義務である。それは後に見るように、日本国憲法第9条を打ち固める実践でもある。いまいちど、日本国憲法の前文を読み返していただきたい。

「日本国民は、恒久の平和を念願し、人間相互の関係を支配する崇高な理想を深く自覚するのであって、平和を愛する諸国民の公正と信義に信頼して、われらの安全と生存を保持しようと決意した。われらは、平和を維持し、専制と隷従、圧迫と偏狭を地上から永遠に除去しようと努めている国際社会において、名誉ある地位を占めたいと思ふ。われらは、全世界の国民が、ひとしく恐怖と欠乏から免かれ、平和のうちに生存する権利を有することを確認する。」

2　北朝鮮当局に改善を迫る根拠

■国内法の「人権」規定

北朝鮮の憲法の第5章「公民の基本権利と義務」の中には、第67条「公民は言論、出版、集会、示威《じい》および結社の自由をもつ」、第68条「公民は信仰の自由をもつ」とあって、公民の基本権利の保障がある。

先述のように、これは真の人権ではない。北朝鮮の公民権は当局の恣意《しい》で剥奪《はくだつ》されるものなので、人権ではない。人権と呼ばれてこなかったのには理由があったのである。だから本当の人権の概念を北朝鮮に導入し、それを当局に守らせることが急務である。

そのための大事な手がかりができた。刑事訴訟法第5条に「人権の保障原則」が1992年に入り、弁護士法に1993年、憲法には2009年に「人権の擁護《ようご》」という句が入ったことである。北朝鮮の国内法に「人権」の文言が入ったのである。

■国際人権規約・条約の履行義務

北朝鮮は、世界人権宣言を具体化した2つの国際人権規約（市民的政治的権利に関する国際規約、経済的社会的文化的権利に関する国際規約）に、1981年9月に加入している。さらに、子どもの権利条約、女性差別撤廃条約にも加入している（それぞれ1990年、2001年に）。

これらの国際人権規約・条約を守る義務が、北朝鮮当局にはある。しかし単なる飾りにして、一度も守ったことがない。強制収容所の中の子どもや女性、脱北者女性への虐待など、条約が守られているとは到底いえない。

北朝鮮当局は、1999年12月25日付でしぶしぶ提出した市民的政治的権利に関する国際規約履行状況報告書で、これらの国際人権規約は朝鮮語に翻訳し、国民が閲覧《えつらん》できるように措置していると回答しているが(1)、その現物が国連人権理事会に提出されたことはない。

脱北者はインテリを含め、「人権」という言葉は脱北するまで知らなかったと一様に語っている。

これらの国際人権規約を国民に知られることを、北朝鮮当局は恐れている。2004年に北朝鮮の『朝鮮民主主義人民共和国法典(大衆用)』が出版されたが、国際法は1つも収録されていない。

守られていない国際法を、北朝鮮当局に人権改善を迫るための根拠に挙げても、意味がないと言われるかもしれない。しかし、ここには2つの重要な意味がある。

第1に、これらの国際法に北朝鮮当局が加入したことは、それを履行する義務があることを加盟国と国際社会に認めたことを意味する。2009年、国連人権理事会による北朝鮮の第1回目の普遍的定期的審査の際、北朝鮮当局はこれらを守っていると言明している。

第2に、先述のように、これらの国際法を自国語に翻訳し、国民が閲覧《えつらん》できる措置をとったと報告している事実である。

これらが真っ赤な嘘であるならば、基本的なモラルに反することになる。現実には北朝鮮当局は嘘をつきつづけていて、国際的に大恥をかいているが、いつまでそれを続けることができるか。限度というものがある。また、国内の人々がそれを知ったら、いつまで沈黙を続けるだろうか。北朝鮮当局が国際社会に対してどのような説明をしているか、北朝鮮内部の人たちに伝える努力も必要であろう。

北朝鮮の人権状況を変える原動力は、「生きる権利」であり、「人を暴力から守り救う義務」であり、「嘘をついてはならない」「嘘を見逃してはならない」という人間の基本的モラルである。こんなことを許していては、大人は子どもに顔向けできない。これを許しているから、北朝鮮の人々がひどい目にあっているのである。

人間を救え！　子どもたちを救え！　女性たちを救え！

北朝鮮の人々を救え！　北朝鮮の子どもたちを救え！　北朝鮮の女性たちを救え！

生命の尊さに、民族の差も国境もないからだ。

3　核・ミサイルには人権思想を

■核・ミサイル問題は人権問題である

多くの日本人は、「北朝鮮問題」とは安全保障の問題であり、核・ミサイル問題であると考えていて、人権問題は気にしていないかもしれない。だが、人権問題は核・ミサイル問題と無縁なのか。

北朝鮮は核開発・核武装によって体制を維持しようとしている。2012年を「強盛大国」完成の年に定めていた北朝鮮当局を、経済的にこれほど疲弊《ひへい》していて何が強盛大国かと思いがちになるが、核の脅威を考えるとき、あながち誇大妄想とばかりはいえない。核を保有するかぎり、北朝鮮もアメリカ、ロシア、中国、日本と対等に伍《ご》していけると考えた金日成《キムイルソン》・金正日《キムジョンイル》の考えは、見当外れとはいえない。実際、1993年のNPT（核兵器不拡散条約）脱退宣言以来、北朝鮮は、国際社会によるたび重なる要請や交渉、圧力にもかかわらず、核・ミサイル開発を着実に進めてきた。(2) そして核・ミサイル問題に世界の目が釘づけにされた結果、強制収容所をはじめとする人権問題からは目がそらされ、体制の維持という北朝鮮当局の目的も立派に果たされている。

だが、目には目を、軍事力には軍事力をで対応するなら、矛盾は深まる一方である。私は北朝鮮の核・ミサイル問題に対しては、人権の思想で対処することが最も正しい方法であることを提起したい。北朝鮮の強制収容所を廃絶し、北朝鮮内部に人権の思想を育てていくことである。

北朝鮮の核・ミサイル開発を可能にしているのは、軍事に総力をつぎこむ先軍政治の全体主義体制である。それを根底で支えているのが強制収容所である。だから強制収容所を突き崩さなければならない。

北朝鮮に人権の思想が育っていけば、核やミサイルがいかに生命に反するものであるかが明らかになる。核開発に費やされる莫大な金を民衆の生活の向上にまわせばはるかに明るい社会になることが、北朝鮮の人々にも知れわたる。

急がねばならない。北朝鮮の核・ミサイル開発は着実に進んでいる。強制収容所での生命破壊と核・ミサイルによる生命脅威とは一つの問題である。北朝鮮におけるこの両方の実態をたえず把握し、急いで人権の改善と人権の思想の普及に努めなければならない。

北朝鮮の核・ミサイル開発はこの20年間、日本の人々の不安をかき立て、日本の有事体制化と右傾化を後押ししてきた。北朝鮮の核・ミサイルの脅威に対しては日本も軍事化をという風潮が強まり、日本国憲法第9条を崩す要因になっているのである。

したがって、北朝鮮の強制収容所を廃絶することは、核・ミサイル問題に対処する正当な実践であるだけでなく、日本国憲法第9条を救う実践でもある。（補論7「ミサイルには人権の思想で」もご一読いただきたい。）

■強制収容所廃絶を前面にすえること

強制収容所の廃絶は、北朝鮮の体制が崩壊するときに初めて実現するというのが、大方の考えである。しかし、この考え方でいけば、北朝鮮の体制崩壊の日まで、恐ろしい強制収容所は容認されることになる。それは耐えがたい。

それならばまず体制打倒運動に邁進《まいしん》したらいいと言われるかもしれない。しかしそうなると、北朝鮮当局は、核・ミサイル開発と先軍政治でみずからを守る従来の立場の正しさが立証されたと言って、ますますそれを強化し、人権回復や強制収容所廃絶の課題はますます遠のいてしまうだろう。順序を間違えてはならない。まず強制収容所廃絶の一点に絞るべきである。

北朝鮮当局にとって、強制収容所問題は最大の恥部であり、弱点である。厳然として存在しながら、それを否認しつづけている。それを認めたら金日成の威信が崩れると金正日が恐れたほど、ひどい実態だからである。しかもこの収容所が存在するために、北朝鮮の良心ある人々は何の発言もできないでいる。優秀な人々がどんどん収容所送りにされ、殺されていく。

北朝鮮の強制収容所の実態が、全世界のもっと多くの人々の目に明らかになれば、その怒りはものすごいものになるだろう。北朝鮮の外の世界の者が、1人でも多く強制収容所体験者の手記を読み、その実態を知って憤《いきどお》るとき、北朝鮮内部の人、特に収容所に囚われている人は精神的に救われるはずである。自分たちは孤立しているのではない、世界の人々は自分たちの存在を知りはじめてくれている、これを知るだけでもどれほど励ましになることか。

想像力を働かすのだ。自分が収容所の人間だったらどうだろう。立場を代えるのだ。人間以下のひどい仕打ちを受けている人に、わが身を置いてみるのだ。自分たちがいま享受しているこの自由を、北朝鮮の強制収容所の人々も享受できないで、何が21世紀と言えるのだ。それができなくて、どうして私たちは今を生きていると言えるのか。

北朝鮮の強制収容所廃絶運動にとりくもう。全世界の人々の力で。この一点に集中し、いま世界で最もひどい仕打ちを受けて生死の境をさまよっている人たちを救い出そうではないか。あのユダヤ人たちをガス室から連れ戻すことができなかった負の遺産を、いまここで少しでも償《つぐな》おうではないか。

4　北朝鮮の人権問題を解決するための実践

北朝鮮の人権問題を解決するために大事なのは、強制収容所問題を前面にすえることである。北朝鮮の強制収容所を廃絶するための実践を整理しておきたい。

■国際社会の大きな動き

２０１４年2月17日、第1章で見た国連北朝鮮人権調査委員会の報告書が出た。それをふまえて3月28日、国連人権理事会の決議で、調査委員会に代わる国連現地事務所の設置が決まった。このことによって、北朝鮮の人権問題解決に向けて、局面が大きく変わった。まずはそのことを確認するのが順序である。

（1）国連報告書の翻訳と普及

400頁を超す国連報告書で、北朝鮮の人権侵害は、そのすべての面にわたって完璧に近いほど明らかにされた。原文（英文）を読んでみると、人権侵害のあまりのひどさにびっくりさせられる。もっと多くの人が、国連報告書の全文を読む必要がある。

そのためには報告書の翻訳が急がれる。英語圏の、志のある人たちはすでに全部読み終えているだろう。非英語圏、特にアジア地域は、認識上遅れをとっているのが現実である。

（2）北朝鮮人権特別法廷の設置

国連報告書は、北朝鮮の国家的な人道犯罪を、国際刑事裁判所に提訴するか（北朝鮮は国際刑事裁判所に加入していないので、国連安全保障理事会の決議が必要）、または特別《アドホック》法廷を設置する（国連総会の決議だけで可能）ことを勧告した。

前者は中国とロシアが拒否権を行使するであろうから、見込みがあるのは後者である。日本政府はEU諸国と協力し、米韓両政府とも力を合わせ、すみやかに国連総会で特別法廷の設置を決めるべきである。

特別法廷で明らかにすべきことは、実はもうほとんどできている。今回の国連報告書でなされているのだ。

特別法廷で北朝鮮国家の人道犯罪を裁き、それを強制収容所の廃絶につなげることが必要である。収容所の存在を認めさせ、廃止を約束させ、その履行を監視するのである。

（3）国連現地事務所の韓国への設置

２０１４年5月30日、国連人権高等弁務官事務所は、３月28日の人権理事会の決議をふまえ、調査委員会の継続体としての現地事務所を、韓国政府の受け入れ表明を得て韓国に設置することを発表した。

現地事務所は、任期が1年しかなかった調査委員会を引き継ぐ組織である。北朝鮮人権問題を調査し、その解決をめざす国連人権高等弁務官事務所の現地事務所である。

北韓人権市民連合の理事長である尹玄《ユンヒョン》さんは、つねづね、国連の地域人権機構が存在しないのがアジア地域、とりわけ東アジアであることを残念がっておられた。今回この現地事務所の設置を強く願っていて、２０１４年4月2日、「朝鮮日報」に一文を寄せられていた。尹玄《ユンヒョン》さんは、北朝鮮人権問題調査事務所がこの問題を解決したのち、東アジアの国連人権機構に発展することを強く願っておられる。先見の明である。

日本も、韓国現地事務所に大いに協力していく必要がある。

北朝鮮人権問題の解決のためには、これらの実践が王道である。これらを通じて、北朝鮮人権問題の組織性、甚大性、長期性の認識を深めつつ、その最も甚大なところが強制収容所であるので、強制収容所問題を前面に立ててその解決から着手することを訴えたい。

■解決に向けた実践

最後に、もっと身近なレベルからの実践を提案して、本章を閉じたい。

(1) 1人でも多くの人が、強制収容所の実態を知ること。これが出発点であり、強制収容所廃絶の原動力である。

まずどれでもいい、北朝鮮の強制収容所体験者の手記を読むことである。

また、ときどき読み返すことである。

北朝鮮の強制収容所のひどさは、体験者の手記を読まないと絶対にわからない。

いま日本語で読める体験者の手記は、5種類である。

①　姜哲煥《カンチョルファン》・安赫《アンヒョク》『北朝鮮脱出』上下、文春文庫、1997年。
これは1994年2月、文藝春秋から単行本で出たが、後に文庫版になった。収容所体験記の古典である。

耀徳《ヨドック》15号管理所の体験記である。強制収容所には完全統制区域と革命化区域の2種類があり、前者は一度入ったら絶対に二度と出てこられない所、後者はカネ次第で出てこられる所。姜哲煥《カンチョルファン》・安赫《アンヒョク》両氏は後者に入っていた。

②　姜哲煥《カンチョルファン》『平壌《ピョンヤン》の水槽――北朝鮮地獄の強制収容所』ポプラ社、2003年。
フランスの人権活動家ピエール・リグロ氏が姜哲煥《カンチョルファン》氏に単独インタビューしてできた手記。原書はフランス語。その英語訳が当時のアメリカ大統領ジョージ・ブッシュ氏にも読まれ、姜哲煥《カンチョルファン》氏とブッシュ氏のホワイトハウスでの対面も実現した。

③　安明哲《アンミヨンチョル》『北朝鮮絶望収容所――完全統制区域の阿鼻地獄』KKベストセラーズ、2000年。
安明哲《アンミヨンチョル》氏は収容所の警備員であった。収容所を警備する側からの証言である。会寧《フェリヨン》

22号管理所の警備の体験談が主である。
安明 哲《アンミヨンチヨル》氏は、〝反革命分子は3代にわたってその種《たね》を断て〟という金日成教示を初めて世に明らかにした証人である。警備員教育の内容を証言している貴重な存在である。

④ 申東赫《シンドンヒヨク》『収容所に生まれた僕は愛を知らない』KKベストセラーズ、2008年。
价川《ケチヨン》14号管理所で生まれ、23歳のときそこを奇跡的に脱出できた申東 赫《シンドンヒヨク》氏の手記である。
姜哲 煥《カンチヨルフアン》氏は『北朝鮮脱出』で、収容所では婚姻が一切許されず、収容所での出産は許されないことを明らかにしていた。ところが申東 赫《シンドンヒヨク》氏は、完全統制区域の价川《ケチヨン》14号管理所で、模範囚どうしが当局によって性交を許されて誕生した人物である。生産工場化した強制収容所で、単に労働力を必要とするゆえに出産も許可していることが、彼の脱出によって世界で初めて明らかにされた。
収容所で生まれ育った申東 赫《シンドンヒヨク》氏が、愛とか幸せとかいう単語（言葉）を何ひとつ知らなかったことを明らかにしたこの手記は、北朝鮮人権情報データベースセンター（韓国）の努力によって実現した。

⑤　申東赫《シンドンヒョク》＋ブレイン・ハーデン『北朝鮮14号管理所からの脱出』白水社、２０１２年。

ワシントン・ポストの極東担当記者であったブレイン・ハーデン氏が、申東赫《シンドンヒョク》氏に3年接触して実現した手記である。原書は英語。これを読んだドイツ人がつくったドキュメンタリー映画『Camp 14: Total Control Zone』がヨーロッパで評判を呼び、２０１４年に日本各地で一般上映されている（邦題『北朝鮮強制収容所に生まれて』）。

この手記は２０１４年現在、世界26か国語に翻訳されている。近年の国際社会における北朝鮮強制収容所認識の高まりは、本書が20数か国語に訳されていることの貢献がきわめて大きい。

強制収容所体験者の手記が、韓国に次いで多く訳されている国は日本である。日本はこれほど恵まれていながら、多くの人がこれらの体験記の日本語版を読んではいない。まだ日本国内の強制収容所認識は高まってはいない。

今からでも遅くない。上記5種類の体験記の日本語版を、1冊でもいい、読んでいただきたいのである。

体験記には、亡くなった多くの人たちが記録されている。その人たちの無念の死や屈辱を無にしないために努力をしよう。

自分の愛する人々に、収容所体験者の手記や記録映画を観てもらうよう働きかけよう。大陸の中国人に、⑤の中国語（繁体字）訳『逃出14号労改営』（台湾での出版、智園出版）を送り、1人でも多くの中国人に読んでもらおう。

(2) 日本政府と各自治体は、2006年に法律となった日本版北朝鮮人権法（拉致問題その他北朝鮮当局による人権侵害問題への対処に関する法律、本書の資料2）**を実践し、特に北朝鮮の強制収容所問題の啓発に努めること。公共放送であるNHKも、北朝鮮の強制収容所を特集する番組を制作して、この法律の命じる責務を早く果たすこと。**

(3) ポーランドのアウシュヴィッツ強制収容所の正門の前に小さな掲示板を建て、そこで北朝鮮強制収容所の廃絶を訴えよう。

アウシュヴィッツ強制収容所を見学する人は後を絶たない。世界各地から、老いも若きもここを訪れる。この人たちが見学し終えて正門を立ち去るとき、そこに小さくてもいい、北朝鮮の強制収容所廃絶を訴える掲示板があったら、何割かの人の目にふれることになる。

アウシュヴィッツを見学した人が北朝鮮の強制収容所の存在を知る、このことはとても意味深いことである。北朝鮮の強制収容所が廃止された暁《あかつき》には、アウシュヴィッツの正門前からその掲示板を撤去すればよい。

(4) 北朝鮮内部に人権の思想を知らせよう。

世界人権宣言の、次の4か条だけでよい。

「すべての人間は、生まれながらにして自由であり、かつ尊厳と権利について平等である」(第1条)

「すべての人は、生命、自由および身体の安全に対する権利を有する」(第3条)

「何人《なんぴと》も、奴隷にされ、または苦役《くえき》に服することはない」(第4条)

「何人《なんぴと》も、拷問または残虐な、非人道的なもしくは屈辱的な取扱いもしくは刑罰を受けることはない」(第5条)

この4か条を朝鮮語に訳し、北朝鮮内部の人に知らせよう。あなたたちの政府も国民にこれを知らせることを約束している、ということも、できたら添えて。

国連北朝鮮人権調査委員会による詳細な報告書の登場（２０１４年２月）とその後の展開によって、北朝鮮人権問題に対する世界の動きは、新たなステージに入った。あとは、相対的な日本の立ち後れを急いで回復し、私たちに課せられた責務を果たすのみである。

注

（１）当該文書の第13パラグラフ。

（２）専門家によると、すでにノドン型ミサイルは日本の多くの部分を攻撃できる能力を持っている。２００〜３００発が配備されたと見られるという。核兵器を搭載できるように設計されているが、北朝鮮の核弾頭がそこまで小型・軽量化できているかは、はっきりしないようである。また、現在開発中のテポドン２型ミサイルの改良がさらに進めば、アメリカの全域を射程に収めることが可能になるという。テポドン型ミサイルも、すでに小型核兵器を搭載可能になっているとの分析もある。道下徳成「北朝鮮の核・ミサイル開発と日本の対応」、福井康人「北朝鮮による核兵器開発計画」（いずれも『海外事情』２０１３年６月号）を参照。

むすび

この場を借りて1つだけ、ご説明し、感謝を述べたいことがある。

2004年2月末、ポーランドの首都ワルシャワで、北朝鮮の人権問題を主題とする国際会議が開かれ、私は第1セッションの司会を務めたことがあった。本書の補論に収めるものを選んでいるうちに、その国際会議の報告を転載してはどうかと思い、それを読み返してみた。3回に分けて「統一日報」に掲載してもらった報告である（本書の補論8）。

読み返してみたら、そこでとてもいい提言をしていたことに気がついた。それが、アウシュヴィッツ強制収容所の前に掲示板を建てるという、本書で提案したアイディアである。国際会議が終わってアウシュヴィッツを見学したときに、現地でひらめいたものだった。

恥ずかしいことに、私はその提案を忘れてしまっていた。たぶん、アイディアは良いとしても実現は難しいのではないかという気持ちがあったからだと思う。しかしそれから10年が経って、国際的な関心は大きく変わっている。アイディアだけでも共有していただけたら幸いである。掲示板を建てるのが難しいとしても、アウシュヴィッツと北朝鮮強制収容所を結びつける実践はもっと追求されてよい。

この国際会議の主催者の1つ、ポーランドのヘルシンキ人権財団が編集した冊子に、私が以前に発表した、北朝鮮の女性の人権問題を扱った一文（本書の補論5）と、唯一思想と強制収容所の関連を論じた一文が、ポーランド語に訳されて収録されている。この冊子のことも私は長らく忘れていた。拙文が2篇もポーランド語に訳され、ポーランドの人々に読まれたことは、このうえなく光栄であるということに、今さら気づいたのであった。

私の文を2篇も選びポーランド語に訳してくださったのは、いま韓国で活躍しているポーランドの北朝鮮人権活動家ヨアンナ・ホサニヤックさんである。彼女は国連人権高等弁務官ナバムセム・ピレイさんを動かし、国連北朝鮮人権調査委員会の実現に大きく貢献した、国際的な人権活動家である。この場を借りて、彼女に深く感謝したい。

本書は大月書店の若い編集者、木村亮氏との出会いなくしては誕生しなかった。感謝である。

最後に私事であるが、長年私を理解し支えてくれた妻（真理子）が昨年1月に乳癌《がん》で亡くなった。彼女にも本書の刊行を報告したい。

補論と資料

補論1　北朝鮮の山の中にある強制収容所の廃絶を求める東京国際宣言

（1999年12月5日）

1999年12月1日から3日まで、ソウルの梨花《イファ》女子大学で、第1回北朝鮮人権・難民国際会議が開かれた（北韓人権市民連合主催）。そのあと、海外からの主要なゲストに帰路、東京に立ち寄っていただいて、東京国際会議を開催した。そこでの宣言文である。約15年前の宣言であるが、本書の基調でもあるので、ここに掲載する。

人権とは、人間が人間らしく、尊厳をもって生きる権利であるが、北朝鮮では人権の最低条件たる生命の保全、身体の自由すら保障されない由々しき事態が続いている。

北朝鮮では反革命分子は政治的社会的生命を失った人間のクズと見なされ、山の中の強制収容所（政治犯収容所）に送られ、死の強制労働が課せられている。そこが人間であることをあきらめなければ生きられない文字通りの生き地獄であることは、強制収容所の生き証人の詳しい手記と証言で明らかにされている。

裁判もなく、しかも家族ぐるみで収容される。通信の自由がないため、誰が囚われているのかわからない。わからないため、その中では一切の人権が剥奪され、その生命は国家保衛員の恣意《しい》にゆだねられている。余りにひどすぎる実態のため、4人の生き証人は家族を犠牲にしてまで、世界に訴えるべく脱出したのである。

これは北朝鮮が18年も前に批准した国際人権規約（自由権規約）第10条「自由を拘束されている者にも人間の尊厳は守らなければならない」に完全に違反している。

このような山の中の恐ろしい強制収容所だけでなく、北朝鮮には脱北者問題、離散家族（日本からの帰国者含む）の再会問題、被拉致者の原状回復問題など人権問題が山積しているが、これらすべてに共通する特徴は、人間の生命をなんとも思わない生命軽視の一語に尽きる。しかもこの生命を逆手にとった人質政策をあらゆる面で行使し、この蛮行が世界に知られることを封じ込めているのである。

北朝鮮当局はチュチェ思想によって人間の生命を政治的社会的生命と肉体的生命の2つに分け、前者を失った者は人間のクズであり、人権は保障しなくてよいと考えている。しかし、この考えは人権とは何かを全く理解しないものであり、世界人権宣言やその具体化である国際人権規約の精神を真っ向から踏みにじるものである。しかも北朝鮮は後者の国際人権規約を批准しているのである。これは自国民と世界の双方をあざむく欺瞞《ぎまん》そのものである。この欺瞞《ぎまん》の上にいまだに北朝鮮当局は北朝鮮には政治犯も政治犯収容所も存在しないとまっかなウソをついている。

なぜこのようなウソをつかなければならないのか。それは北朝鮮の恐怖の体制を根底において支えるのが強制収容所であるからである。自国民を黙らせ、海外からの訪問者に沈黙を守らせる人質政策が完璧に機能しているのも山の中にある強制収容所のためである。ここを突き崩していかなければ、北朝鮮の人権状況の改善は一歩も進まない。食糧不足の改善など北朝鮮の自立も実現しない。国民の自由な創意性を阻《はば》んでいるのは、チュチェ思想であるが、チュチェ思想を国民が批判できないのは強制収容所があるためである。北朝鮮の人権を抹殺しているのも、国民の創意性を抑え込んでいるのも、すべては山の中の強制収容所の存在である。世界はこの強制収容所に目を開かなければならない。

しかし世界はまだこのことに気づいていない。強制収容所の実態が知られていないからである。収容所の4人の生き証人の手記や証言は急いで各国語に訳されなければならない。

収容所の実態を広く知らせる他の方法（絵や映画）も追求されてよい。

生命と自由を愛する人々よ！　まず北朝鮮の強制収容所の実態を知ることから始めようではないか。今世紀の後半が生み出し、今や世界最大の人権抹殺場となっている北朝鮮の山の中の7つ（推定）もの巨大な強制収容所を今世紀中に廃絶するために。

人間の生命をかくも粗末に扱う金正日《キムジョンイル》政権を人間の名において厳しく批判し、全世界の世論に強く訴えるものである。

補論2　主体《チュチェ》思想に反対する運動が北朝鮮の学生たちにあったとの証言

（2013年）

2013年2月9日、NO FENCE（北朝鮮の強制収容所をなくすアクションの会）は、耀徳《ヨドツク》強制収容所の体験者である李英秀《イヨンス》氏（韓国軍捕虜《ほりよ》の息子）を韓国から招いて、証言集会を開催した。以下の一文は、それについてNO FENCEの会報21号に、私が報告したものである。

NO FENCE主催の2月9日の李英秀《イヨンス》氏の証言集会のくわしい報告は、当日通訳された宋允復《ソンユンボク》事務局長からあると思いますが、数多くの興味深い証言の中から、1980年代初頭から金日成《キムイルソン》総合大学の学生たちの中に主体《チュチェ》思想の誤りに気づいた学生たちの運動があり（主体思想に反対する「松明《たいまつ》思想組織」という組織）、この組織に加担した金日成総合大学の学生はみな強制収容所（終身区域＝完全統制区域）に送られたという証言を、紹介したいと思います。この組織に当時国家副主席李鐘玉《リジヨンオク》の息子が参加しており、彼だけは革命化区域（3年後出所）に送られ、耀《ヨ》徳《ドック》収容所体験者の李英秀《イヨンス》氏は李鐘玉《リジヨンオク》氏の末の息子から以下のことを聞いたというのです。

「松明《たいまつ》思想組織には闘争綱領があった。主体思想は、マルクス・レーニン主義を金日成が修正してつくったものだ。民の反抗心をなくして搾取しようとしてつくったものだが、主体思想では実際の社会をつくれないし、うまくいかない、だからそれに反対する松明《たいまつ》思想組織をつくった。闘争綱領は、金日成主体思想の虚偽性を知識人インテリたちに宣伝し、その多数の人たちが正確に把握できるようにすることだ」と。

短い言葉ですが、「主体思想では実際の社会はつくれないし、うまくいかない」という指摘はその後の30年を見るとき、とても含蓄《がんちく》の深いものがあります。主体思想の最大の欠点は、人民が主体性を発揮するとき正しい指導を受けなければならない、金日成の指導がそれだというところにあります。正しい指導を受けなければならないという考えは各国の共産党の組織原則にあります。マルクス主義、ないしマルクス・レーニン主義の指導です。朝鮮労働党ではそれが主体思想に変わり、金日成の指導に変わります。そして金日成が人類でいちばん優秀な人物と絶対化・神格化されていきますから、真の創造性は生まれてこなくなります。北朝鮮があらゆる面で貧困化するのは、この考え方によります。

金日成総合大学の学生たちが80年代はじめに（金正日《キムジョンイル》が後継者に決まったとき）それに気づいたことは当然とも言え、さすがだとも言えます。しかし加担者全員が強制収容所送りになったというこの証言は広く伝えられていくべきでしょう。主体思想の誤りに気づいた大学生たちの知性と良心が存在したこと、それが強制収容所というもので無惨《むざん》にも葬《ほうむ》り去られたという残酷で痛ましい史実は、北朝鮮現代史の中で記録され、いつも想起されねばならない貴重なものです。

補論3 「帰国運動」の経緯について

（1996年）

これは季刊誌『生命《いのち》と人権』第1号（1996年）に私が執筆した文章の一部である。帰国事業については第1章・第2章でもふれたが、その経緯を補足するためにこの一文を掲載する。

北朝鮮への帰国運動は1958年秋から始まったとふつう言われているが、そのキッカケは1954年に遡《さかのぼ》る。日本赤十字社が、北朝鮮に残留していた日本人の引揚《ひきあげ》を北朝鮮に要望し、それが実現すれば日本に在住する朝鮮人で北朝鮮に帰国したい人の帰国の便宜をはかると申し出たのがそれである。

1956年4月から、関東地方に住む在日朝鮮人48名が、北朝鮮に帰国させよと日本赤十字社前にテントを張って要求を続けた。たまたま極東を訪問中の赤十字国際委員会の役員がそれを見つけ、資料を収集して、ジュネーブに帰り、2か月後の7月に日本赤十字社に、この問題に関心をもっている旨の手紙を送った。

韓国政府や韓国赤十字社が同胞を奴隷労働の場に送るなと強硬に反対する厳しい条件下で、帰国協定が締結されるに至ったのは、日本国内で人道上の問題として大きな支援運動が起きたのと、赤十字国際委員会の援助があったからである。当時韓国は李承晩《イスンマン》時代の末期にあって評判は悪く、逆に北朝鮮は朝鮮戦争後の復興に励む千里馬《チヨンリマ》運動のまっ最中であった。北朝鮮は学術文化の面でも見るべきものが多く、日本に大きな影響を与えていて、威信は高かった。

だからこの時期の帰国運動そのものは自然の勢いであり、一概《いちがい》に誤っていたとは言えない。問題は、1960年代後半に始まる金日成《キムイルソン》主義絶対化と世襲体制づくり、社会主義とは全く無縁の金《キム》王朝体制づくりにあり、日本社会で差別と闘い、マルクス主義を学んでいた経験と教養をもつ帰国者たちは、まっさきにそれに反発し、それに抵抗したのではないかと思われる。

帰国者だけではないが、帰国者に限ってみても、受難の時代が1965年頃から始まるのである。

補論4　帰国者の兄・芝田弘之さんからの手紙のこと

――日朝協議合意への最後の願い

（2014年）

2014年5月の日朝協議合意で北朝鮮は、「1945年前後に北朝鮮域内で死亡した日本人の遺骨及び墓地、残留日本人、いわゆる日本人配偶者、拉致被害者及び行方不明者を含む全ての日本人に関する調査を包括的かつ全面的に実施する」ことを約束した。

以下の一文は、帰国事業で1960年に北朝鮮に渡った芝田孝三さんの兄、弘之さんからいただいた手紙について私が書いたものである（NO FENCE会報30号に掲載）。帰国者・拉致被害者のご家族の痛みを知り、一刻も早く問題を解決しなければとあらためて痛感した（本人と子孫の安否確認、希望者の日本永住、死亡者の経緯調査など）。そのことを訴えるための一文である。

家の前で転んで、車椅子生活になり、外出ができなくなったので、今後は会報や集会案内を一切止めていただきたいという手紙が昨年暮れに届いていた芝田弘之さんから、最近（6月6日消印）手紙が舞い込んだ。１９６０年1月、在日朝鮮人の妻とともに新潟港から北朝鮮に渡った芝田孝三さんのお兄さん、弘之さんからである。

寝たきりで、1日3時間だけ車椅子に座るという生活なので、字も書けなくなったという説明を交え、そのお手紙は要点のみの箇条書きであったが、冒頭に「今度、北朝鮮のことで（２０１４年5月の日朝協議合意で――小川）芝田孝三についても関係する可能性があるように存じます」と書かれていた。そのあと6つの箇条書きが添えてあった。

1か所判読できないところがあったので、お電話したところ、電話口に出られ、説明してくださった。今回の合意内容で、弟のことも調査の中に入るので、弟が死んでいるならその命日を知りたい、遺品があるのなら1つでもいい、芝田家としては頂きたいと言われた。遺品は無いなら無いでいい、命日がわからないと、多磨墓地にある芝田家の墓に刻むこともできない。私（弘之さん）は90歳になった、寿命もあと1年か2年であろう、自分が死ぬ前に弟のことをきちんとしたい。弟はいつ死んだかもはっきりしないので、生きたままになっている。なんとか今回の調査で命日だけでもはっきりさせてもらいたい。そういう趣旨であった。

手紙には関係資料が同封されていた。私は自分の不明を恥じ、ここで問題点を整理し、調査にあたる日本政府の関係者に弘之さんの最後の願いが伝わるよう、またＮＯ　ＦＥＮＣＥ会員の皆さんや日本のマスコミの皆さんにも併せて、この場を借りて、お伝えしようと思う。

■今回の日朝協議の合意事項

「日本側は北朝鮮側に対し、1945年前後に北朝鮮域内で死亡した日本人の遺骨及び墓地、残留日本人、いわゆる日本人配偶者、拉致被害者及び行方不明者を含む全ての日本人に関する調査を要請した。

北朝鮮側は、過去北朝鮮側が拉致問題に関して傾けてきた努力を日本側が認めたことを評価し、従来の立場はあるものの、全ての日本人に関する調査を包括的かつ全面的に実施し、最終的に日本人に関する全ての問題を解決する意思を表明した。」

芝田孝三氏は日本国籍を残している。「いわゆる日本人配偶者」の中に、当然入る。氏についてわかっているこれまでの経緯を、以下に示す。

■『週刊文春』1992年12月10日号が芝田孝三氏の受難を取り上げる

「北朝鮮強制収容所に日本人が――東北大卒のエリートがスパイ罪」。この記事で以下のことが記された。

1960年1月29日の新潟からの帰国船で、芝田孝三・申性淑《シンソンスク》夫妻が北朝鮮に帰国。

1962年頃、逮捕される。日本人妻たち20人ほどが、帰国から3年後には日本に里帰りできるとした約束を果たせと、朝鮮労働党本部前で要請行動をしたとき、要請の仕方などについて孝三氏が頼まれて協力したことが、「背後から指導した」との嫌疑になり逮捕。

国家保衛部で2年取り調べを受けて、1964年10月17日、スパイ罪で正式に逮捕され、20年の刑で平山《ピョンサン》市の収容所に収監。3~4年後に、价川《ケチョン》郡の政治犯収容所に送られる。最後の収容所が勝湖里《スンホリ》政治犯収容所。1984年10月17日に、刑期満了なのに釈放されず、引き続き留め置かれる。

以上の情報を提供したのは、強制収容所を脱出した関係者、芝田孝三氏の消息を知る朝鮮総連の関係者としか記されていない。『週刊文春』のこの号は、芝田孝三氏が1984年以後、刑期を終えたのに勝湖里《スンホリ》収容所に引き続き収容されているという記述で終わっている。

■アムネスティ本部が動き出す

この『週刊文春』の記事を受けて、アムネスティ・インターナショナル本部が調査を開始した。『週刊文春』に情報を提供した、勝湖里《スンホリ》収容所で芝田氏と一緒だったという人にインタビューをして、1993年10月、「北朝鮮に関する文書――良心囚　芝田一家」という文書（英文）を世界に発表し、北朝鮮当局にも問い合わせた（アムネスティの文書記号は、ASA 24/04/93)。

その内容で注目されるのは、１９９０年12月時点で、芝田孝三氏は勝湖里《スンホリ》収容所にまだ囚われていたという指摘である。妻の申性淑《シンソンスク》さんの行方も不明であるとしている。

▒北朝鮮側の芝田孝三氏死亡通知

アムネスティ本部のこの問い合わせに、８か月後の１９９４年６月９日、北朝鮮はアムネスティ本部のピエール・サネ事務総長宛に、芝田孝三一家は１９９０年３月18日の列車脱線転覆事故で一家全員死亡した、と回答してきた。以下はその内容である。

「芝田孝三氏とその家族

わが国には芝田孝三という氏名の者がいないため、１９６０年１月以降わが国に来た男性から特定しようと、関係当局が慎重に調査をおこないました。長期の調査の結果、日本から来たキム・ホ・ナム氏が芝田孝三氏であることが判明しました。

芝田孝三は、在日朝鮮人の申性淑《シンソンスク》夫人と共に朝鮮民主主義人民共和国に来てから名前を変更しました。彼は１９６０年１月以降家族と共に居住していた際、国家軍事機密を収集し、外国諜報機関に手渡しました。スパイ活動容疑で逮捕され、１９６４年11月に20年の禁固を宣告されました。服役中に他の囚人に反国家陰謀を扇動し、裁判の結果、さらに６年の禁固が加重されました。

彼は１９９０年１月20日に釈放されています。

申性淑《シンソンスク》夫人と3人の子どもたちは、キム・ホ・ナムが逮捕されてから1974年7月まで、平《ピョン》壌《ヤン》市中和《チュンワ》区の三石里《サムソクリ》に住んでいました。その後平安南道《ピョンアンナムド》の文徳邑《ムンドクウップ》に移り、1990年3月18日までそこに居住していました。

キム・ホ・ナムは釈放されてから、平安南道《ピョンアンナムド》の文徳邑《ムンドクウップ》で家族と再会しました。キム氏とその家族は咸鏡南道《ハムギョンナムド》の端川《タンチョン》市龍臺洞《リヨンダエドン》に住む予定でしたが、そこに向かう列車が1990年3月18日事故に遭い、キム氏一家も他の乗客とともに死亡しました。

お問い合わせの上記の個人に関しお知らせが遅れたことをご理解ください。この遅れは貴団体への協力を惜《お》しむがゆえでないことを誤解なきように。芝田孝三氏とその家族が氏名を変更され、不慮の事故のため死亡されたことによって、調査が困難なものになったことが理由であります。」

■勝湖里《スンホリ》収容所で同室であったという黄龍水《ホワンヨンス》氏の証言

上記の『週刊文春』の記事を知ったお兄さんの芝田弘之氏は、『週刊文春』の記者と連絡を取り、情報提供者の1人、黄龍水《ホワンヨンス》氏の存在を知り、1993年中国まで出かけ、同氏に会う。

黄《ホワン》氏は中国系の朝鮮人で、勝湖里《スンホリ》収容所で芝田孝三氏と一時期、同室であったという。中学校しか出ていなかった年下の黄《ホワン》氏は、孝三氏から人間としての生き方を教わり、とても感銘を受けたという。同室にもう1人、関係の受刑者がいて、3人のうちいちばん早く出所した者が、他の

２人の家族に２人の消息を伝えるという約束をしたという。黄《ホワン》氏がいち早く出所したので、まず北朝鮮を脱出し、もう１人の受刑者の韓国の家族を訪ねるが、その家族はうちにはそんな息子はいないと面会を拒否したという。そこで芝田孝三氏の家族を訪ねようとしたところ、消息がわからず、『週刊文春』の記者の知るところとなり、上記の記事となったようだ。

北京で黄《ホワン》氏と会った芝田弘之氏ご夫妻は、黄《ホワン》氏からいろいろ孝三氏のことを知ることができた。芝田孝三氏が朝鮮名を名乗ったことはなく、日本に強く帰りたがっていたこと、孝三氏から人間の生き方などたくさんのことを教わったということ、また黄《ホワン》氏がとても記憶力のいい人であったことも感じ取った。

前記アムネスティの文書（１９９３年10月）には、芝田孝三氏は１９９０年12月には勝湖里《スンホリ》収容所にいたという注目すべき証言が紹介されている。アムネスティ本部の東アジア担当ピエール・ロベール氏は、黄龍水《ホワンヨンス》氏にインタビューをしている。この証言は黄龍水《ホワンヨンス》氏によるのは間違いない。黄龍水《ホワンヨンス》氏は１９９０年12月に勝湖里《スンホリ》収容所を出所したと証言していたからである。

その後、黄龍水《ホワンヨンス》氏は、自分の記憶違いがあり、正しくは１９８９年12月出所である、と訂正しているらしい。これは、１９９４年秋に芝田弘之さんが黄龍水《ホワンヨンス》氏を日本に招いたとき、黄《ホワン》氏がホテルで北朝鮮系の者から脅され、大阪講演をキャンセルして北京《ペキン》へ帰ることになり、また中国に脱出していた息子３人も北朝鮮側の工作員によって北朝鮮に拉致されるという迫害を受けたので、その影響ではないかと推察される。というのも、１９９０年12月まで芝田孝三氏は収容所にいたという当初の証言は、１９９０年３月18日の列車脱線事故で芝田一家全滅という北朝鮮側の回答を覆《くつがえ》すものであるが、黄《ホワン》氏の記憶違いとなれば、北朝鮮側の回答は救えるからである。記憶力のいい黄《ホワン》氏が、自分の出所した年を間違えるのは変である。

■北朝鮮側の回答の問題点

（１）１９９０年３月18日列車脱線転覆事故で一家全員死亡というが、どこで脱線転覆したのか明らかにしていない。アムネスティ本部が１９９５年の４月・５月に北朝鮮を訪問したとき、北朝鮮側は、その事故は新義州《シニジュ》と清津《チョンジン》の間の橋でレールが外れ、７車両が川に落ちたのだという追加報告をしてきたが、芝田一家が住んでいた平安南道《ピョンアンナムド》の文徳邑《ムンドクウップ》から移住先の咸鏡南《ハムギョンナム》道《ド》の端川《タンチョン》市に向かうには不自然な路線である。朝鮮半島を横断するには、もっと南の路線を通るのが自然である。

（２）死亡した事故者の名簿は、芝田夫妻の名前以外は全て黒く塗りつぶされていた。これも不自然である。

（３）一家全員というが、１９６０年１月帰国した当時にいた先夫の子２人は30歳以上になっており、１９６１年に生まれた女の子でも29歳で、それぞれ結婚していた可能性もある。これらの人が全員乗っていて全員死亡したというのは、きわめて不自然である。このうち何人かは生きている可能性がある。

（4）1990年1月出所説が正しいとして、芝田孝三氏の身体はひどく傷んでいたはずである。2か月後の3月18日に、長距離列車に乗って移動できる身体ではない。

（5）黄龍水氏《ホワンヨンス》の1990年12月勝湖里《スンホリ》収容所出所説には信憑性《しんぴょう》がある。アムネスティのピエール・ロベール氏が黄氏《ホワン》にインタビューした時にそう証言しており、それを勘違いと言って後で訂正した黄氏《ホワン》の訂正は不自然である。

日朝合意後の特別調査委員会で調査すべきこと

（1）少なくとも、1990年3月18日に起きたとされる列車脱線事故の現場はどこか、そして死亡者の名簿の所在と内容を確かめること。墨で塗りつぶしたという名簿のオリジナルがあるはずである。

（2）芝田家の遺家族がどこかに生きているはずである。遺家族がいれば、墓や遺品があるはずである。それをぜひ調査していただきたい。

（3）1990年3月18日死亡説は、芝田家としては受け入れがたい。また仮にそうだとしても、アムネスティへの北朝鮮側の文書だけでは、日本の戸籍で弟の死亡を記録できないと、芝田弘之さんは役所で言われたという（北朝鮮と国交のないことも加わって）。弟が永遠に生きたままにされるのは、兄としても忍びない、私（弘之さん）の寿命のあるあと１・２年でなんとか解決していただきたいと、弘之さんは願っておられる。

以上、去る２０１４年３月で90歳になられた芝田弘之氏からいただいた手紙の趣旨と資料から、整理をした。弘之さんの最後の願いが叶うよう、日本政府の交渉担当者に、くれぐれもお願いする次第です。マスコミ諸氏にも広く取り上げていただき、世論喚起されますようお願いします。

補論5　蹂躙《じゅうりん》された幸せ呼ぶ花たち――北朝鮮の女性と人権

（1998年）

この一文は、季刊誌『生命《いのち》と人権』第7号（1998年春号、特集「北朝鮮の女性の人権状況」）に寄稿した拙文である。かなり長文のため、本書の本文中に挿入するには構成上の無理があったので、ここに全文を収めることにした。北朝鮮の人権状況を知るうえで、女性のそれは欠かせない。一読を乞《こ》う。

はじめに

北朝鮮に生まれただけでなぜこんなにひどい待遇を受けなければならないのか、同じ朝鮮の地なのに南と北はどうしてこうもちがうのか、と韓国のテレビで訴えた亡命者李順玉《イスンオク》さんの訴えは、北朝鮮の民衆全体の声であるが、特に北朝鮮の女性全体の叫びであると私には思えてならない。北朝鮮の女性の地位と人権を調べていて、つくづくとそう思う。李順玉《イスンオク》さんは朝鮮の南北を比較して発した叫びであるが、しかしその叫びは国境や民族を越えている。げに人権は国境や民族を越える。私たちが北朝鮮の人権問題にとりくむのは、人権状況の余りのひどさによる。それは山の中の地獄のような強制収容所に集約されている。奇跡の生き証人、姜哲煥《カンチョルファン》、安赫《アンヒョク》、安明哲《アンミョンチョル》の3氏は北の家族に危険が及んでいるにもかかわらず、人間の名において世界に告発せずにはいられない。私たちも帰国者の家族や亡命者の命をかけた証言で北の収容所のひどさを知ってしまった以上、何はさておいても叫ばずにはいられない。3人の証言に李順玉《イスンオク》さんによる女子刑務所の実態告発も追加された。

　強制収容所や刑務所の実態を知るにつけ、とりわけ私たちを悲しませ憤《いきどお》らせるのは女性や子どもたちに対する迫害である。なぜ収容所や刑務所の中に女性や子どもたちがいるのか、そして多いのか。その最大の原因は密告制度と、反革命分子は3代にわたって種を根絶するという金日成《キムイルソン》教示による家族ぐるみの収容所送りにある。行政的な離婚の強要も残酷である。家庭を愛し、家族を愛する者は、家族ぐるみ罰する=収容所送りという人権蹂躙《じゅうりん》に激怒しなければならない。この原因以外にも女性や子どもを単なる労働力としてしか見ていない労働観や家父長制の強化、食糧で人々をコントロールする残酷な配給制度などの要因が考えられる。私は北朝鮮の女性の地位と人権に関する貴重な調査、研究、亡命者の証言をもとに、女性と家庭を破壊する金日成《キムイルソン》、金《キム》正日《ジョンイル》の北のひどい体制を以下6点に整理して、告発しようと思う。

1　協議離婚の禁止と家父長制の強化

金日成の北朝鮮を知れば知るほどダブル・スタンダード（二重基準）、ショーウィンドー国家であることがわかってきて、この国の憲法や法律をまともに研究する気がなくなっていた。だから北朝鮮の女性の地位を調べるうえで、解放後いち早く男女平等法が制定されたからといって、その法律の中身を知ろうとする意欲が初めから湧いてこなかった。立派なことが書いてあっても、それを守ろうとする体制・国家ではないから、それを知っても無意味だと考えたからである。しかし、北朝鮮は最初から今のようなひどい体制ではなく、今のような全体主義国家（党と秘密警察と強制収容所による支配の確立、国家と行政機関は名目[1]）になったのは1960年代後半（1967年がメルクマール）であるとする理解[2]が大切であるとすれば、女性政策や女性の地位の変化という視点を欠いては、現在の女性の地位も正確に把握できないことになる。今回『北韓の女性政策』（尹美良《ユンミリヤン》[3]著）を読み、また1946年の男女平等法を英文から訳してみて、私の態度が誤りであることがわかった。男女平等法がたとえ女性を家庭から社会に引き出し、女性を労働力として動員することに主眼があったとしても、全9カ条はそれ自体一つひとつ立派であった。そのひとつに結婚の自由（第4条）と離婚の自由（第5条）がある。とりわけ後者である（本号資料欄参照)。

前記『北韓の女性政策』を読んで驚いたことは、1956年3月8日の内閣決定24号で協議離婚を廃止し、裁判上の離婚だけを許容した事実である(同書90頁)。これは女性の社会的進出と経済的自立により、協議離婚がふえ、家庭が解体することを憂《うれ》えた当局が、女性の人権と地位の向上やより人間らしい人間の結合を推進することよりは、社会の安定や労働力確保を優先させ、婚姻への国家の干渉を始めたことを意味し、社会主義をめざす国家としては由々しき政策の後退であった。これは解放前の家父長制復活への確かな一歩であった。金日成体制の全体主義化は前述したように1967年以降であるが、1970年代に顕在化し、1980年に確定した金日成親子の世襲化は家父長制復活の完成を意味するものであった。世襲制は社会主義国家に他に類を見ない暴挙とされるが、社会主義国家における家父長制の復活、したがって社会主義体制の破壊の一大要因としての家父長制の復活という認識がこれからますます必要である。北朝鮮社会における女性の地位がこれによって急速に悪化したことも、よく説明できる。

2 女性の家庭への封じ込めと朝鮮民主女性同盟の変質

協議離婚の禁止は女性を家庭にしばりつけ、封じ込めることを意味する。しかし、女性の労働力としての動員は依然として続いているのに、家庭への封じ込め云々《うんぬん》はおかしな規定だという反論があるかもしれない。しかし、矛盾してはいないのである。本号資料欄で紹介されているように、女性は社会的労働を課されるうえに、家事からも解放されていない。女性の適職（教師、医療、芸術文化、保育など）を除いて、女性は一般に安い労働力としてしか期待されていない。本号資料欄の重要な指摘のひとつは、女性が国際分野や外交分野で男子と対等に活躍していず、海外で北朝鮮を代表する部署に1人も進出していない（9年前の指摘であるが、あまり変わっていないと思う）驚くべき事実である。女性は真摯《しんし》でまじめである。もし外交官として、外の世界にふれたとき、真実を吸収して、国内の体制に懐疑の念をもちやすい。だから女性は家事労働と社会労働に釘づけにして無知なる状態に追いやっておく。その真摯《しんし》さはチュチェの体制維持に思う存分使うというのが金日成・金正日の女性政策の本質である。各界の指導的地位に女性が見当らないことと、とりわけ国際機関に女性の指導者を派遣していない点に女性の家庭への封じ込めを見るべきである。

これと関連してかつては300万名を擁《よう》した朝鮮民主女性同盟が、1983年6月の第5回大会以後性格を変え、会員が20万名に激減した事実を指摘しないわけにいかない。前記『北韓の女性政策』は次のように述べている。

「ところで、この女性同盟第5回大会以後女性同盟の活動・組織・影響力すべてが減じた。第

5回大会では女性同盟の規約が改正され、加入対象が他団体に加入しない女性だけに減少し、それまで18～55歳のすべての女性を対象としていた時期の３００万同盟員が20万に激減した。今度は、女性同盟加入対象は〝扶養家族〟として家庭内に残る女性たちと療養・静養のため労働活動のできない女性たちに限られたのである。すなわち、女性同盟の同盟員が経済的無能力者として〝家事労働〟にだけ従事する人たちに限られることになった。

その結果、女性同盟の活動は、党の事業を積極的に支援するとか、国家建設に能動的に参加することではなく、〝康盤石《カンバンソク》女史に倣《なら》う学習〟〝8・3人民必需品生産と家内作業班運営に参加〟〝幼稚園・託児所・保育園・教養院の資質向上〟など、伝統的に〝女性の仕事〟〝女性の領域〟とみなされてきた役割だけを支援するようになる。当然女性同盟の影響力も萎縮《いしゅく》したのである。このような女性同盟の弱化は、金正日の生母金正淑《キムジョンスク》偶像化とともに、庶母《しょぼ》（父のめかけ、側室）である金聖愛《キムソンエ》（女性同盟委員長）の影響力を縮小しようと意図したためであると分析されよう。

結局、女性同盟は今や主要団体ではなく、社会的活動が弱い家庭の主婦たちの組織体に変化した。したがって第1回、第2回中央委全員会議の討議および決定事項も家庭主婦の役割に適合した〝母〟と〝主婦〟としての３大革命の推進に限定された。」（１０７頁）

驚くべき変質である。しかし、これは働く女性がふたたび家庭に閉じ込められたことを即意味するわけではない。女性の労働者と家庭主婦の二分化であり、働く女性の社会労働と家事労働の二重負担化を意味する。女性の疲労は極限に達する（本号資料欄の平均的都市在住女性の日課表参照）。

3　食糧配給制度による住民統制

〝働かざる者食うべからず〟の原則を大義名分にして実施されているのが、食糧配給制度である。表をご覧いただきたい。この一覧表は今から10年前の１９８８年に作成されたものであり、近年の食糧危機の中では現状はもっと悪化していると見るべきである。10年前に刊行された『北朝鮮の人権』[4]報告書（ミネソタ弁護士会国際人権委員会、アジアウォッチ共編）が当時すでに次のように記していたことは注目すべきである。

「支配階級を除いて、国民の食糧は密着して監視され、きつく制限されていた。北朝鮮は土地改革と農業生産に前進を遂げたが、最近の報告では、かなりの食糧不足が残っていることを示唆している。平壌《ピョンヤン》以外の人々が気力がなく、顔色が悪く、やせているという多くの一致した情報がある。」（１９０頁）

食糧不足は最近の水害から始まったものでなく、１９８０年代から始まっているということの指摘は多くの亡命者の証言とも一致する。

1日当たりの食糧配給量

1日当たり配給量	職種、対象者
900g	坑夫、特殊重工業労働者、防衛労働者、工業労働者、遠洋漁業労働者
850g	軍事停戦委員会配属軍事要員、その他高位将校
800g	空軍パイロット、特殊将校
700g	その他の全ての将校、軽工業労働者、事務労働者、エンジニア、教師、政府官吏、大学生、平壌市民の大部分
700g以下	平壌以外の住民
400g	高校生、障害者、55歳以上の女性、60歳以上の男性
200g～300g	就学前の児童
200g*	囚人

ミネソタ弁護士会、アジアウォッチ編『北朝鮮の人権』1988年、193～194頁。

＊　元・収容所警備員安明哲氏の証言では700g、女子刑務所体験者李順玉さんの証言では500gという数字もある。ただし2人とも、ピンハネで実質はそれより少ないと語っている。

私がここで思い出すのは、1994年2月中国に脱出して、中国公安に逮捕され自殺した朴栄世《パクヨンセ》氏（51歳）の死の直前の証言「北朝鮮は飢えに追いやることと集団殺人で治めている国です」[5]という指摘である。飢えを統治手段としているというのである。

そして昨年10月私たちは亡命者鄭箕《チョンギ》海《ヘ》氏から食糧配給制度がいかに残酷な住民統制手段であるかを聞くのである。鄭《チョン》箕《ギ》海《ヘ》氏は1960年日本から北朝鮮に渡った帰国者で、1994年2月ソウルに亡命した。昨年10月強制収容所の警備員であった安明哲《アンミョンチョル》氏と鄭箕海《チョンギヘ》氏の2人を日本に招き、全国6カ所で講演してもらったのであるが、鄭箕海《チョンギヘ》氏は食糧配給制度の残酷性と非人権性を声を大にして力説した。

「北朝鮮には失業者は一人もおりません。食糧配給制度のため、働かないと食糧にありつけないからです。

1カ月に3回職場に遅刻しますと、1日分の食糧をカットされます。からだの具合が悪くても職場に出ないと配給をカットされます。外貨獲得のため、わらびや毛皮を納めるノルマを課せられます。それを納めて受領証をもらい、これを届けないと、また食糧をカットされます。子どもをもつ親としては本当につらい制度です。1年200kgの雑穀を支給し、しかもその量をカットしながら2200万人を押さえつける手段として配給制度を使っているのです。強制収容所も大変な人権侵害ですが、その人数は20数万です。食糧配給制度で日々苦しめられているのは2200万人です。これこそ巨大な人権抑圧だと私は叫びたい[6]。」

1日成人700g。すべて米ではない。トウモロコシなどの雑《ま》じった雑穀である。それも近年では地方では遅配または無配給。当然ながらひもじさから盗みが発生する。また同情して国の物資を少々与える。いずれも犯罪として刑務所や収容所送りである。

4　家庭の主婦を罪人にする北朝鮮の飢餓

一昨年12月北朝鮮の女子刑務所の実態が世界に初めて明らかにされた。亡命者李順玉《イスンオク》さんの手記⑺（邦訳『北朝鮮　泣いている女たち』）に次の一節がある。

「北朝鮮は、80年代半ばから経済がどんどん悪化しており、价川《ケチヨン》女子刑務所に入所する囚人の8割が家庭の主婦で占められていた。国の経済政策の矛盾で、庶民の生活苦がどん底にまで落ちると、主婦たちは生計維持のためにあらゆる手段と方法を駆使して、家族を守ろうとした。しかし、それがあだになり、多くの主婦が罪人に仕立てられた。そんな罪なき罪人が群れをなして刑務所に送られてくるのである。」（邦訳106頁、以下同じ）

李順玉《イスンオク》さんが价川《ケチヨン》刑務所に入れられた1987年暮、当時平均して1日10人の女性たちが収容所に送られてきたという。その8割が「家庭の主役で、本来なら**幸せの花**を咲かせなければならない平凡なお母さんたちが、あまりにも多く収容されていた」という。2つのケースがあげられている。

1つはろくに食糧配給を受けられず、飢えて寝ている栄養失調の子どもを見かねて、近所の共同農場の脱穀場からトウモロコシ一袋を盗んだかどで入れられた母親のケース。裁判で彼女は悔《くや》して次のように訴えたという。
「どうして私がこんな罪を犯さなければならなかったかお考え下さい。飢えて死んでも泥棒してはいけないことぐらいは、重々わかっています。でも、配給をもらえなかったから仕方なかったのです。したくてしたわけではないのです、お腹を空かせた栄養失調の我が子を見るに見かねて。」（107頁）
この嘆《なげ》きが、なんと裁判官の怒りを買い、「党の政策に対して不満がある」と見なされ、15年という重い刑を科されてしまったという。北朝鮮の司法制度では、弁護士ですら被告の立場には立たず、国家と党の立場に立つという驚くべき実態であるから、裁判官が母親の言い分をみとめて情状酌量するのではなく、逆に憤慨《ふんがい》してトウモロコシ一袋の盗みで15年の重刑にしてしまったのである。
もう1つのケースは、地方都市南浦《ナムポ》市の買入れ商店販売員の39歳の女性がサッカリン1キロを買入れ商店から旅館に渡したのが罪になり、懲役3年の刑を受けた例である。李順玉《イスンオク》さんは注目すべき事実を指摘している。「1984年頃、ヨーロッパ訪問から帰った金日成は『家内班』を組織して、餅売り、豆腐売り、旅館の経営などを奨励した。ところが、商売を容認して市民の生活が豊かになってくると、金正日は資本主義思想に染まるという理由で、一転して断固たる禁止措置を取り、大々的な取り締まりを開始した。1987年6月4日のことである。世に言う

『6・4処置』で、家庭の主婦が多く収監された。」（118頁）

5　1日18時間の無償奴隷工場としての女子刑務所

どうしてこんなに多くの家庭の主婦を刑務所に送り込むのかと言えば、労働力の補充としてである。8時間労働制ならぬ、1日18時間労働で、しかも無償労働である。

中国の強制収容所の無償奴隷労働の実態は近年アメリカ市民となった中国人ハリー・ウーの『労改』という書物で世界に知られるようになった。ハリー・ウーは1960年から1978年まで19年間も労働改造所で飢えと強制労働に苦しんだ体験の持ち主である。(8) 李順玉《イスンオク》さんは同じ書物で、『労改』の北朝鮮版の実態を暴露《ばくろ》した。とても貴重である。拙稿末尾に参考資料として紹介したので、重複はできるだけ避けるが、そこでは6カ月間でおこなったロシア向けブラジャー90万着の生産、ポーランド向け花瓶敷き、灰皿敷き（民芸刺繍《ししゅう》品）の生産、日本への手編みセーターやジャケットの生産の例があげられている〔本書には資料は収録していない〕。

朝5時起床。5時半から作業開始。その日1日の作業内容と作業量が書かれた指令書が配られる。夜11時に集計され、ノルマが達成されないときは、翌日の昼食からの3食が1日240グラムに減食となる。

「刑務所の囚人にとっては、食料が減らされるのがいちばん恐しい。だから、誰もが無理をしてでも1日のノルマを達成しようとする。裁縫《さいほう》工は指を針に刺され血まみれになっても機械に油を塗りながら作業を続け、また、ある者は身体が火だるまになるほどの高熱をおして、歯を食いしばる。

人間は環境次第で、獣にもなれるし、それ以下の虫けらにさえなれるとつくづく思い知った。囚人たちはどんな生活を強いられても、とにかく何でも食べて、生き延びて出所しようとする。家族のもとへ戻りたい一心で。」（113頁）

しかし彼女たちが無事出所して家族のもとに帰れるかは別である。刑務所が無償生産工場化しているからである。北朝鮮の刑務所や強制収容所が生産工場化している様子を同じ李順玉《イスンオク》さんが、自己の体験に基づいて告発している。今一度の引用をお許し願いたい。

「私は刑務所生活を経験して、北朝鮮の社会は虚偽と欺瞞《ぎまん》に満ちた偽りの社会だということを悟った。北朝鮮の警察は、それぞれの道、市、郡から何名かを刑務所に入れる計画さえ持っている。彼らは目標を達成するために、たとえ無実であろうと引っ立て、罪人に仕立て上げてしまう。北朝鮮経済の大きな収入源のひとつが、刑務所、収容所の囚人たちの無報酬労働だからだ。

人々に冤罪《えんざい》を着せて、一銭の労働報酬も与えず、朝から晩までこき使う。そして党のありがたい配慮と恩着せがましくも、10年に一度の割合で金日成父子の誕生日と前後して恩赦《おんしゃ》、減刑を実施する。しかし、これとて温情ではない。党の配慮という宣伝材料以上の意味を持っている。数カ月後、あり余るほど必要な人員を新たに補充し、恩赦《おんしゃ》や減刑で大幅に落ち込んだ労働力を埋めるのだから、単なる労働力の再活用に過ぎないのだ。

運よく恩赦《おんしゃ》や減刑の恩恵に浴した出所者たちも、普通の生活には戻れない。出所者は生涯、当局の監視対象だ。公民証は新たな番号で再登録されるので、どこに出かけても、ひと目で出所者とわかる仕組みになっている。」（２４６頁）

労働力として囚人を絶えず補充するために警察は予備軍のリストをもっているのであろう。警察なり拘置所で取り調べ中の容疑者たちが存在するからである。ラーゲリ生活24年の証人ジャック・ロッシさんの『ラーゲリ註解事典』の一節に全く同じ指摘があったことを私は思い出した(9)。

補充の手段の一つは密告制度である。

北朝鮮社会では「五戸担当制」で隣近所どうし監視するだけでなく、家族どうしもお互いに監視するという残酷な方法も採用している。密告の奨励である。教師は学校で子どもたちから親の会話を聞き出している。また妻にも夫の告発を促しているという。本号資料欄の「北朝鮮における女性の地位」の項を参照していただきたい。すべての成人男女は夜学習会や自己批判集会の出席を義務づけられているが、女性たちがいちばん神経を使うのが自己批判集会であるという。うっかり夫の言動にふれてしまう危険性があるからだ。

肉親をかばうのが人の情である。ところが密告制度は逆にプライバシーをなくせというのである。外では言えないことをせめて家の中で交《か》わして励ましあったり、ストレスを解消する。夫婦や家族の情はこのためにある。しかしまた密告の奨励は、夫婦間ですら本音を言えないシステムをつくる。家庭の崩壊、人間関係の破壊である。「父は子の為に隠し、子は父の為に隠す、直はその中に在り」といった孔子の言（『論語』子路篇）[10]を思い出す私は、金日成や金正日の仁徳政治云々《うんぬん》に怒りを覚える。彼らに仁徳政治を語る資格は全くない。

6　性の道具化と人身売買

最後に女性の人権侵害のもっとも悲惨で残酷な例を指摘しなければならない。女性を男性の性欲の対象としか見ない、性の道具化（商品化）と男性への性的隷属化である。個々の事例はいっぱいあるが、ここでは2つの指摘（報告）を紹介しよう。1つは10年前の証言、1つは最新の情報である。

「北朝鮮は、資本主義国家では結婚自体が性が道具化されている契約関係であると批判しつつ、自国では売買春が存在しない唯一の国であると自慢しているが、北朝鮮にも女性の性は道具化されているケースがたいへん多い。

まず、北朝鮮にも売春が存在することが報告されている。平壌を訪問した人々は、『安い価格で最高のサービス』を経験することができたと伝えてもいる。亡命者たちも元山《ウオンサン》、平壌など観光地・大都市で秘密裏に売春が横行していると証言した。

しかし、北朝鮮での性の道具化は、売春の場合よりも、党員となるために、あるいは昇進するために生ずる、党幹部および企業所幹部と女性間の浮華関係（性的関係）においてより頻繁に発生している。北朝鮮政権樹立以後今日までこのような入党のための性の提供は数多くの問題をひき起こしているが、依然として続いているのである。」（尹美良《ユンミリヤン》、前掲書、223頁）

いまひとつの最新情報というのは、昨今、中朝国境を脱出した多くの北朝鮮人の女性たちが、いったんかくまわれたあと、中国の人買い商人たちに1人3000元（4万5000円ないし5万円）で売られ、性的虐待の道具になっているという衝撃的なニュースである。[11] たくさんの女性たちがだまされて人身売買の対象になっているというのである。北朝鮮の女性たちは出かせぎのために脱出してきたのであるが、中国社会で結婚できない男やもめたちのグループに買われ、輪《りん》姦《かん》され、監禁状態の中で獣のような生活をさせられたという。いったい、社会主義中国はどこへ行ってしまったのか。

結び

以上、1から6まで見てくると、1946年の男女平等法の制定で朝鮮北部の女性はいったんは封建的、資本主義的な不平等と性的隷属から解放されながら、50年後にふたたびもっとひどい隷属化に陥ってしまっていることが明らかとなる。離婚の自由が、協議離婚の禁止という改悪をへて、現在では離婚の強制という醜悪《しゅうあく》な反対物に転化している。北朝鮮の女性たちのおかれている人権状況の悲惨さと苛酷さは、北朝鮮社会が全体として収容所化し、密告と組織的暴力で一片の自由もない社会と化していることの中に見てとることができる。彼女たちの生命そのものが権力者たちの掌中《しょうちゅう》に握られているのである。このような体制は北朝鮮の国名（朝鮮民主主義人民共和国）にも全くそぐわないが、彼らが最近自称しているウリ式社会主義という規定で幻惑されてもならない。

ウリ（われわれ）式と名づけた意味を考えてみよう。それはマルクスやレーニンの社会主義ともちがう金日成が創始したチュチェ思想にもとづく社会主義というのが、北朝鮮権力者たちの言い分である。これがオモテの顔である。しかし本稿1から6までで見た内容はマルクスやレーニンにふさわしくないのは無論のこと、これが社会主義であるといって世界に公表できるようなものではない。社会主義の理念に照らしても、また人間の名においても隠さねばならぬ北朝鮮の恥部である。その最たるものが北朝鮮の強制収容所であることは、金日成、金正日親子が誰よりもよく承知していた。とても恥ずかしくて人に見せられるものではないから、最後の言葉としてウリ（われわれ）式と名づけるよりほかなかったのが事実である。

本稿の主題である女性の人権に限定して言っても、金日成と金正日親子は女たらしで有名である。女性を性の道具としか見ていない張本人がこの親子である。絶対者であるこの親子が人格者としてこのように低劣な人物であるため、高潔な生き方は危険である。イエス・マンたちがそれをまね、それでウリ式となったのである。

ここでこの親子がすでに師とは仰《あお》いでいないマルクスの初期の著作『経済学・哲学手稿』から有名な一節を引用しよう。

「男の女にたいする……関係から、人間の全教養程度が判定されうる。……この関係のなかで、どれほどまで人間の自然的なふるまいが人間的になって……いるか、ということが示される[12]。」

女性に対する態度でその人物の教養の程度がはかられるというのである。この基準ではかれば、金日成、金正日親子は最低の部類に属する人間となるし、実像にもよく合っている。

しかし金日成、金正日のこの実像は実像として世界に定着していない。その理由は北朝鮮当局が、虚像であるオモテの顔を最大限に宣伝し、実像であるウラの顔を徹底して隠し続けてきたからである。国の内外にわたって。ダブル・スタンダード（二重基準）の徹底である。

今日、北朝鮮ほど二重基準を徹底して実践している国はない。換言すれば、掲げるオモテの基準は全くの見せかけで、守る意志を全く持たない国が北朝鮮である。悲しいけれども、このように断定せざるをえない。守ろうとする意志ははじめからない。オモテとウラ、建前《たてまえ》と本音の矛盾に悩むのが、これらの言葉のもつリアリティーである。はじめから守る意志のない看板を掲げるとき、これらは詐欺である。破廉恥《はれんち》である。

北朝鮮（共和国）は当初からこんなひどい国ではなかった。もしこんなにひどい国であったら30数年前に何万もの人が日本から北朝鮮に渡ることはありえなかった。こんなにもひどい国になったのは、１９６７年前後から、すなわち、北朝鮮の全体主義国家化からである。

本文でも言及したようにハンナ・アーレントは全体主義社会を政敵が一掃された社会と規定した。政敵は殺されるか、国外追放か、または強制収容所にみな送られた。権力者にとって怖いものは何一つないはずなのに、実は新しい恐怖が始まったのである。この体制が崩れることへの恐怖。党と秘密警察（密告制度付き）と強制収容所の３つによる支配がここに始まる。

行政機関などの国家機関は名目にすぎないとしたハンナ・アーレントの指摘はとても重要である。[13] これらの機関は北朝鮮のオモテの顔である。これらの機関を規定している北朝鮮の憲法（社会主義憲法）もオモテの顔である。これらがすべて名目であるというのだ。二重基準のオモテの基準が北朝鮮では全くの名目に化すのは、１９６７年の唯一思想体系（チュチェ思想）の確立以後である。１９７２年に社会主義憲法が制定され、チュチェ思想が指導思想として明記されるが、この憲法に規定された人権諸規定が当初から全く守られていないことの疑問は、すべてハンナ・アーレントの指摘で氷解する。北朝鮮の女性の人権が極度に悪化するのもこの全体主義化（唯一思想体系＝チュチェ思想確立）以後である。

かくして次のように結論づけることができるだろう。

金日成と金正日の北朝鮮、全体主義国家北朝鮮は、裸の王様である。とても醜悪な。

彼らは社会主義憲法や批准した国際人権諸法でみずからの身を被《おお》ってきた。しかしこれらを実行しようという意志が全くなく、もっぱら非人間的な全体主義支配方法のみを行使しているのであれば、被《おお》いの衣服は実質味がなく、なきに等しいものであり、見えるのは恥部そのものの、野獣的裸身である。それをハッキリ指弾しなければならない。

そのためには北朝鮮の実態＝真実＝ウラの顔を知ることである。本稿で明らかにした北朝鮮の女性の人権状況もその重要な実態である。しかも女性は社会の半分を占める。

李順玉《イスンオク》さんは前記手記の中で、古くから伝わるという詩の一節を綴《つづ》っている（１４１頁）。

女性は花、幸福をもたらす花
一つの家庭を愛情細やかに見守る花

『北韓の女性政策』の中で尹美良《ユンミリヤン》さんは、最近北朝鮮で普及しているという歌の一節を紹介している（131頁）。

女性は花だよ
女性は花だよ、生活の花だよ
一つの家庭をつましく切り盛りする花だよ
情愛深い妻よ、姉よ、そなたがいなかったら
生活にポッカリ大きな穴があくよ
女性は花だよ、生活の花だよ(14)

1992年2月に北朝鮮を脱出した李順玉《イスンオク》さんが、刑務所の中で口ずさんだ詩とはこの歌のことだろう。

女性とはこの歌にうたわれるような存在であることは万国共通である。そしてこの歌が北朝鮮

社会でいま広くうたわれていることに、深い意味がある。このような幸福をもたらす花が虐待されていることを李順玉《イスンオク》さんや尹美良《ユンミリヤン》さんは伝えているのであるが、しかし北朝鮮の女性たちは今までこのような役割を果たし、民衆は非道に耐えている。手向かえば収容所行きである。

全世界の、自由を愛する人々よ。生命を生み育む北朝鮮の女性たちを助けよう。収容所・刑務所の中で泣いているお母さんたちを救い出そう。

注

（1）ハンナ・アーレント（大久保和郎・大島かおり訳）『全体主義の起源　3　全体主義』みすず書房、1974年。Hannah Arendt, ***The Origins of Totalitarianism,*** Part three: Totalitarianism.
（2）『生命と人権』第3号エッセイ参照。
（3）尹美良《ユンミリヤン》『北韓の女性政策』ハヌル（ソウル）、1991年。
（4）Asia Watch and Minnesota Lawyers International Human Rights Committee, "Human Rights in the Democratic People's Republic of Korea." 1988, p. 190.
（5）『月刊朝鮮』1994年8月号、ソウル、330頁。
（6）私のメモより。

(7) 原著『832 尻尾のない獣たち（女囚のこと——注）の眼光』天池メディア（ソウル）、1996年。李洋秀《イヤンス》訳『北朝鮮 泣いている女たち』KKベストセラーズ、1997年。

(8) ハリー・ウー（家本清美訳）『ビター・ウィンズ』NHK出版、1995年。Harry Wu and Carolyn Wakeman, *Bitter Winds: A Memoir of My Years in China's Gulag*. 1994, John Willey & Sons, Inc. 同（山田耕介訳）『労改』TBSブリタニカ、1996年。Harry Wu with George Vecsey, *Troublemaker: One Man's Crusade Against China's Cruelty*. Times Books.

(9) ジャック・ロッシ（麻田恭一ほか訳）『ラーゲリ（強制収容所）註解事典』恵雅堂出版、1996年、142頁。また、ハンナ・アーレントの前掲書にも、「収容所への囚人の供給の出鱈目《でたらめ》さは、まさにこの制度そのもののあらわれだった。……この出鱈目《でたらめ》さの目指すところは、全体主義政権に支配されているすべての人々の市民的権利を奪うことである」という鋭い指摘がある（邦訳、第3巻、252頁）。

(10)「葉公語孔子曰、吾党有直躬者。其父攘羊而子証之。孔子曰吾党之直者異於是。父為子隠、子為父隠。直在其中矣。」

(11) 南浩《ナムホ》「北韓脱出婦女子たちの〝苦難の行軍〟、再び訪ねた豆満江《トマンガン》」『月刊朝鮮』1998年2月号、ソウル。

(12) 藤野渉訳、大月書店（国民文庫）、144〜145頁、第三手稿、「私的所有と共産主義」。

(13)「完全なテロルの支配は、その対象となるべき……反対派のすべてが消滅した後にはじめて開始されるのである。だからわれわれは、古典的な理論に従って法の支配のうちに立憲政治の真の本質を見るとすれば、テロルというものは全体主義の支配の固有の本質として定義することができる。」（邦訳、第3巻、277頁)。

(14)「平壌新聞」1991年1月19日付4面。キム・ソンナム作詩、リ・ジョンオ作曲。

北朝鮮での女性への差別・暴力・人権蹂躙《じゅうりん》

	未成年者労働	性差別・性暴行	被害補償
学校生活	●満13歳で農村動員 ●農村動員120日以上 ●労働定量制定 ●正規労働力として酷使 ●各種労働に動員	●少女時代から性差別が日常化 ●劣悪な宿泊条件 ●学校外での性暴行 ●護衛総局の身体検査 ●国家が性産業を運営	●家父長的社会の雰囲気で被害を隠ぺい ●被害申告・相談制度は皆無 ●被害補償は皆無

	突撃隊生活	職場生活	被害補償
職場生活	●建設等の重労働を強要 ●性差別および性暴行が深刻 ●組織構造の特性から生じる性暴行	●職場の幹部による性醜行 ●職場の男性による性醜行、性暴行 ●3K業種に従事する女性への性暴行人権蹂躙の深刻さ	●訴訟制度なし ●御用言論による事実・事件の隠ぺい ●女性側の過ちに転嫁 ●相談施設はない ●女性の性被害に関する研究はない

	労働党入党	幹部登用	最高人民会議代議員
労働党への入党と幹部登用	●入党を餌とする性上納が蔓延 ●入党の男女比率制限が性差別の原因に	●党員優先登用により女性幹部の登用は低調 ●イベント式登用 ●性差別的社会構造	●党の要求による一方的な選挙 ●「挙手機」代議員 ●金父子独裁体制美化の道具

	家事労働	家庭内暴力	離婚制度
家父長的家族制度	●劣悪な家事条件 ●主婦への食糧配給は300g ●各種無報酬労役への動員 ●家事労働は労働と認められない	●言語的・身体的暴力 ●妻への殴打に対する社会的な寛容 ●申告・問題解決のための制度はない	●離婚裁判の困難 ●合意離婚は不可 ●居住・自由な移動は不可 ●不合理な住宅制度 ●面倒な離婚基準

2007年９月16日、李エランさん（脱北者。現在、北韓伝統飲食文化研究院院長）作成。日本での講演に付された資料。補論５に関連するので、ここに収めた。

補論6　日韓「併合」100年に際しての日本民衆側反省声明

（2010年）

2010年8月15日に友人たちと共に発表した、日韓「併合」100年に際しての反省声明である。日本側が発表した声明は、私の知る限り3つあるが、そのなかで、北朝鮮の人権状況の改善に努力することが日本人の償《つぐな》いの1つであることにふれたのは、この声明だけであった。

今年2010年は日本が隣国の朝鮮・韓国を力づくで「併合」してちょうど100年になる年である。日本による36年の支配は、支配された側に多大な痛手と損失を与えたが、また解放の南北分断の基《もとい》をつくったものとして、その悲劇は今も続いている。

長く続いた軍事政権に苦しんだ南半部――韓国はみずからの力で民主化を達成し、同時に先進国の仲間入りを果たした。昨今の韓流ブームを見るにつけ、横暴で悲惨な日本支配（36年間）があったことを忘れさせるほどの発展ぶりである。しかし支配した側の日本が36年の歴史を忘れていいはずがない。「併合」100年を迎え、支配した側の人間として考えること、反省すべきことを記したい。

1910年の「併合」は1905年の保護条約の締結から始まる。それがいかに大韓帝国の意思を無視したむりやりの締結であったかは、当時ソウルにいたジャーナリスト、F・A・マッケンジーが『朝鮮の悲劇』(平凡社東洋文庫)で活写したとおりである。軍隊を動員し、大臣たちを軟禁状態にして脅迫し、国璽《こくじ》も強奪して締結したのである。

1910年8月22日締結の「併合」条約の異常さも、その第1条の文言に如実《にょじつ》に現れている。

「第1条　韓国皇帝陛下ハ韓国全部ニ関スル一切ノ統治権ヲ完全且《カツ》永久ニ日本国皇帝陛下ニ譲与ス」

「完全且《カツ》永久ニ」自国の統治権を外国に譲渡する為政者《いせいしゃ》はいない。「併合」に至る諸条約は1905年の乙巳《いつし》保護条約から無効である。

第2に、なぜ日本は朝鮮・韓国の地を奪い、「併合」したのか、その理由である。それは日本の「近代化」のスタートの時点でもくろまれていたと言える。あの吉田松陰ですら、「取り易き朝鮮・満州・支那を切り随《したが》へ、交易にて魯国《ろこく》に失ふ所は又土地にて鮮満にて償《つぐな》ふべし」(安政2年4月24日書簡)と言っていたし、明治6年には征韓論が叫ばれたが、時期尚早とされただけであった。明治8年江華島《カンファド》事件を引き起こして翌年朝鮮を開国させたやり方は、欧米列強のやり方そのものであった。明治18年3月に発せられた福沢諭吉のあの有名な「脱亜論」は、甲申《こうしん》政変失敗に対する福沢の絶望感にもとづくものとしても、その後の日本の帝国主義的生き方を宣言したものであった。日清戦争、日露戦争は朝鮮の支配権をめぐっての清（中国）とロシアに対する戦争であった。日清戦争時の外相・陸奥《むつ》宗光の回顧録『蹇蹇録《けんけんろく》』には、当時の日本の方針が朝鮮の中立化ではなく、保護国化であったことが明確に記されている。日韓「併合」の後のさらなる大陸侵略を考えると朝鮮「併合」は日本の大国主義化の一環であったことは明白である。大正年間に石橋湛山《たんざん》が小国主義（植民地をもつことは不経済であるという論）を提唱したが、「近代」日本は小国主義と無縁であった。朝鮮を中立化する構想は明治18年にすでに2つ（駐韓ドイツ副領事ブドラーと朝鮮の兪吉濬《ユギルジュン》による）出ていたが、当時の日本が朝野をあげて中立化の志向をもたなかったことも、銘記されなければならない。小国主義を選択する道はなかったのか、朝鮮の中立化という志向がなぜ日本になかったのか、この点を考えるべきが第2点である。

　大国主義に加えて朝鮮・韓国を日本に完全に同化しようとした１９３７年からの皇民化政策を第3にとりあげねばならない。日本語使用、皇国臣民の誓詞《せいし》、創氏改名、神社参拝の強要など、領土、資源の略奪にとどまらず、なぜ民族性を奪うことまでしたのか、この点の解明は今後も続けられねばならない。日本古代国家形成における渡来人の役割、言語の類似性もふまえて。他者（他民族）を発見できていなかった日本人の島国的未熟さと成り上がり性が関与していたことは否定できない。

第４に思いかつ反省すべきは、36年の日本統治の歴史とそれを含む朝鮮近代史の認識の日本側の貧弱さである。朝鮮総督府は天皇に直属し、総督は軍人が就任したこと、１９１９年の独立万歳事件までは憲兵警察が、それ以後は特高（特別高等警察）が前面に出、軍事・警察力で押さえつけた基本性格の下に、１９１０年代は土地を取り上げ（土地調査事業）、20年代は米を取り上げ（産米増殖計画）、30年代は人（労働力）を取り上げ（日本人よりも低賃金で働かせる）、40年代はいのちを取り上げ（強制連行、徴用、徴兵など）、１９３７年からは前述の皇民化政策の実施――これら36年間の日本統治（日帝支配）の具体的な歴史は中・高・大学教育でもっと教えられねばならない。

日本統治の歴史教育の貧弱さは、朝鮮・韓国の近代史の認識をも貧弱なものにしている。２つの例を挙げたい。１つは１８９６年から3年間続いた独立協会運動を大半の日本人が知らないことである。甲申《こうしん》政変の失敗でアメリカに亡命した徐載弼《ソジェピル》が甲午《こうご》改革で帰国する条件ができ、独立新聞を発行し、独立協会をつくり、毎日曜公開討論会を開いて、自由民権、産業開発の必要、新教育の振興、自主独立、迷信打破、衛生等々の主題で啓蒙《けいもう》活動を展開した。１８９８年春には万民共同会という大衆集会を創出し、帝政ロシアの利権獲得を阻《はば》んだ。この運動が順調に進んだら、次は日本の利権獲得が阻《はば》まれ、１９０５年の日本による保護化、１９１０年の日本による「併合」もなかったであろう。残念ながらこの運動は１８９８年12月大韓帝国政府の武力弾圧によって鎮圧されてしまう。この運動をつぶした主体は大韓帝国の王権封建勢力であるが、日本がそれに加担していた事実を日本人は知らねばならない。朝鮮・韓国民族は無為無策でやすやすと「併合」されたのではなかったのである。

いま１つは日本の支配に抗して、朝鮮・韓国の近世（17世紀〜19世紀）の学問が実学思潮という名称のもとに発見され、今日まで80年から１００年間研究が続けられている事実である。朝鮮実学・韓国実学は南北朝鮮の人々の宝となり、誇りとなっている。江戸時代にあたる朝鮮王朝（李朝）後期の学問を「実学」と名づけたこの実学は、近代以後の実学ではなく、実心を重んじる実心実学である。私たち日本人は朝鮮（韓国）実学からたくさんのことを学ぶことができるし、またそれをしなければならない。それはまた私たちが江戸時代の思想・文化を再発見する道であり、近代が失った実心を取り戻し、地球の生態系を守るための不可欠の作業となるであろう。

独立協会運動と朝鮮・韓国実学は「併合」１００年のこの機に急ぎ認識され、私たち日本人の歴史認識を豊かなものにしなければならない。

「併合」１００年を迎えて最後にぜひ指摘しなければならないことがある。北朝鮮（朝鮮民主主義人民共和国）の深刻な人権侵害状況についてである。

北朝鮮は１９６７年、唯一思想（主体思想）を採用して以来、一人支配・秘密警察・強制収容所の3つの手段で統治する典型的な全体主義国家となった。世界人権宣言が保障した4つの自由（言論の自由、信念の自由、恐怖からの自由、欠乏からの自由）の全てを欠いた国になってしまった。金正日《キムジョンイル》は核を開発し、核の力で、軍事力で体制を維持しており、人権が全て犠牲にされている。しかも北朝鮮は1981年9月に世界人権宣言を具体化した2つの国際人権規約に加入しているのである。

北朝鮮と日本は国交を結ぶべきであるが、いま賠償金を払えば、そのお金は先軍政治に使われ、人権回復に資するところはないであろう。

日本が36年朝鮮を支配しなかったら、解放後の分断はありえない。日本統治は南北分断の基《もとい》である。それをつくった日本は戦後、世界人権宣言と瓜《うり》二つの現憲法を享受でき、人権をふんだんに保障されている。ところが北朝鮮は人権と無縁な国となっている。日韓「併合」100年を迎えて、私たち日本人は過去を反省する一環として、北朝鮮の人権状況改善のために努力することが、戦前の償《つぐな》いの1つになることに気づくべきであろう。

韓国は自力で民主化を達成した。北朝鮮は山の中に恐ろしい強制収容所があるため、北朝鮮の民衆自身にそれを期待することは残酷である。北朝鮮の人権状況改善、とりわけ強制収容所廃絶のために力を尽くすことは、日韓「併合」100年を迎える日本人の償《つぐな》いの1つであり、現代を生きる人間の務めの1つであることを指摘して、この声明を閉じよう。

2010年8月15日

小川晴久
香山洋人
河田　宏
小島康敬
芝田弘之
高島淑郎
谷川　透
山田文明

補論7　ミサイルには人権の思想で

（2000年）

ここに掲げる一文は、2000年の初め頃に書いた未発表の文である。本書第5章3を補うものである。末尾の4パラグラフが私の結論である。

1991年の湾岸戦争で自衛隊の海外派遣（掃海艇《そうかいてい》派遣）の突破口が開かれ、1993年のノドン1号と1998年8月31日のテポドン1号の試射で日米新ガイドライン関連法が成立し、日本の有事立法体制が確立してしまった。続いて日の丸・君が代法制化と、日本の右傾化は急ピッチに進み、憲法第9条（戦争放棄）は風前の灯火《ともしび》になったといわれる。

日本の右傾化と憲法改悪の動きは従来、冷戦体制の中でそれを口実に進められてきた。だが、ベルリンの壁やソ連邦の崩壊（冷戦体制の崩壊）によって軍縮に向かう条件が出てきたにもかかわらず、日本が自衛隊の海外派兵や有事立法化の道に突き進んでいるのは、西におけるイラクと東における北朝鮮の動きによる。

特に最近の急ピッチの日本の右傾化に北朝鮮が大きな口実を与えていることに、私は深い悲しみと憤《いきどお》りをおぼえずにはいられない。理由は2つある。

1つは、第9条を根幹とする平和憲法によって日本は汚辱《おじょく》に満ちた近現代史から脱出でき、平和憲法と共に歩んだ戦後50年の日本こそ日本のアイデンティティすなわち愛することのできる唯一の日本となっていたと思うのであるが、それが掘り崩されることへの憤《いきどお》りと悲しみである。日本国憲法第9条は確かに日本人の力で勝ち取ったものではない。私は第9条はナチスと天皇制ファシズムを打ち破った世界の平和愛好勢力が与えてくれた宝物（贈り物）と考えてきた。もしわれわれ日本人が第9条を放棄してしまったら、世界の平和愛好勢力に対する忘恩《ぼうおん》である。

2つめは、主体《チュチエ》思想（唯一思想体系）が登場するまでの北朝鮮を私は支持していた事情による。日本の軍国主義によって朝鮮は36年ものあいだ国を奪われた。解放後、南北に分断され、東西関係と統一問題に苦しんできた朝鮮ではあっても、彼らが日本軍国主義の復活を望むことは、その歴史から言ってもありえない。日本の軍事化を促進し、日本の軍国主義者を喜ばしている今の北朝鮮は、私が支持していた1960年当時の北朝鮮ではない。北朝鮮は1967年を境に明らかに全体主義国家に変質してしまったのである。

現在、日本は北朝鮮の核・ミサイルの脅威にさらされ、有事体制化がどんどん進められている。しかし日本（政府および野党）の対応は、いかに核・ミサイルに対応するか、そしてそれをいかに封じ込めるかに汲々《きゅうきゅう》としていて、北朝鮮がとっている体制と政策の本質を衝《つ》いたものになっていない。核・ミサイル威嚇《いかく》政策は生命破壊にその本質がある。日本の一般市民の生命と人権の尊重などひとかけらもない。この残忍な発想は北朝鮮が自国民に対してとっている生命と人権抹殺政策と同一の根から出ている。

ミサイルにはミサイルでというのであれば、目には目を、歯には歯をであって、止《とど》まるところを知らない。核・ミサイル威嚇《いかく》の本質が生命と人権抹殺である以上、それには生命と人権を尊重する思想と政策で対処するのが正しいのである。世界人権宣言と日本国憲法第９条で対処することである。

しかし刀に対してペンで対抗するのは勝ち目がないと言われるかもしれない。北朝鮮のミサイルには人権の思想でと私が主張する根拠は、北朝鮮の生命と人権抹殺体制と政策を根底において支えているのが山の中の複数の強制収容所であり、その存在と実態を多くの人が知ることこそ、それを崩す力になると考えるからである。

金正日《キムジョンイル》は強制収容所の存在と実態が世界に知られることを最も恐れてきた。父親金日成《キムイルソン》の権威と威信が失墜《しっつい》することを恐れてである。北朝鮮の強制収容所の実態を知るとき、北朝鮮に対する一切の幻想は吹っ飛んでしまう。人間の心をもつ者ならば、そのような強制収容所は一刻も早く解体されねばならないと叫ぶであろう。その叫びは核・ミサイル威嚇《いかく》からくる恐怖を克服するほど強いものである。

まず日本全体が北朝鮮の強制収容所を知り、即時解体の声をあげるべきであろう。ついでその声が世界の声になるとき、そのときこそ北朝鮮の核・ミサイル威嚇《いかく》が崩れ、強制収容所も解体されるであろう。

補論8　北朝鮮人権ワルシャワ会議に参加して

（２００４年）

本書の「むすび」でふれた、「北朝鮮人権ワルシャワ会議」（２００４年）の報告である。在日コリアンの旬刊紙「統一日報」２００４年３月31日号、４月７日号、４月21日号に３回にわたって寄稿した。北朝鮮の強制収容所とアウシュヴィッツを結びつけることには大きな意味がある。ここに再掲するゆえんである。

１　収容所問題がポーランドに根を下ろした

去る２月29日から３月２日まで第５回目の北朝鮮人権国際会議がポーランドのワルシャワで開かれた。昨年（第４回）のプラハ（チェコ）開催につぐ２度目のヨーロッパ開催である。主催団体は北韓人権市民連合（韓国）とヘルシンキ人権財団（ポーランド）である。参加者は14カ国から２００人近い人が集まった。このうち半分がポーランドの人々であった。日本からは私たちN

GO〔北朝鮮帰国者の生命《いのち》と人権を守る会〕から２人と、３つのテレビ局が参加した。

■国会での開会式

昨年のプラハに続いて、国会内で開会式がもてたのはヘルシンキ財団と国会議員の協力による。基調講演は「国民よ記憶し続けよう」協会会長のレオン・キーレス氏がおこなったが、ナチとソビエトの強制収容所と北朝鮮のそれとを対比した感銘深いものであった。途中の一節と結びの部分を引用しよう。

「全体主義体制は人々を殺す効果的な方法を互いに学びあう才能をもっていることにわれわれはいたく注目しなければならないだろう」

「北朝鮮の強制収容所は体制存続の基盤であり、抑圧機構の不可欠な要素である。北朝鮮の収容所とソ連やナチの収容所とのちがいをなすのは、北朝鮮の収容所が今も存在するという事実である。たくさんの人々が収容所で命を落とした。15万人から20万人の人々が今もそこにとらえられている。北朝鮮の人権状況の真実が明らかにされ、世論に知られるようにならなければならない。北朝鮮の強制収容所のことを大いに語ること、そしてその廃絶をめざすことは、われわれ全ての道徳的責任である。とりわけヨーロッパ人の、特に東ヨーロッパ人の。ポーランドにつくられたナチの強制収容所が、服従した諸国民の大規模な絶滅を開始したとき、その事実の想像を絶する恐怖によって、その犯罪の情報が西側の世論の良心にほとんど届かなかった。時の経過は強制収容所の囚人たちにとって不利である。今日、われわれはいま収容所に囚われている人々のことを想起せねばならない」

キーレス氏の結びの一節は完璧である。

■すばらしい5人の証言者たち

2日目から会場は宿舎のグランドホテルの会議場に移った。本会議は3日目の午前まで含めて4つのセッションからなったが、私は第1セッション（証言——家族崩壊の悲劇）の司会を務めた。男子2人、女子3人の5人の脱北者がみずからのつらい体験を語り、北の体制を告発した。朝鮮語による証言は英語とポーランド語に同時通訳された。また彼らの証言は英文で詳細に大会資料集に掲載されてもいた。5人の証言は肉親が脱北過程で殺されたり、行方不明になったり、つらい離婚に至ったり、まだ娘を残してきていたり、家庭崩壊の悲劇を生々しく語っていた。涙で証言はしばしば中断された。

義母と夫が餓死し、26歳の一人息子まで栄養失調と肺炎（ペニシリンも他の薬も買えず、見殺す）で失った5人目の証言者・金嬉淑《キムヒスク》氏（58）は、みずからのつらい体験の傍《かたわ》ら、次のようなケースも伝えてくれた。

「30代の若い夫婦が近所に住んでいた。息子と娘がいた。ある日住んでいた家を300ウォンというばか安い値段で売った。そのあと彼らは市場に行き、心ゆくまで食べた。残りの金で夫婦は殺虫剤を買い、それを子どもたちに分け、一緒に死んだ」

咸鏡北道《ハムギョンブクト》の清津《チョンジン》市の出来事である。この一家のことを知らせてくれただけでも、私は彼女に感謝する。私たちは永久に忘れないであろう。この一家のことを。

証言のトップバッターであった韓峰姫《ハンボンヒ》さんのことにふれないわけにいかない。なんと彼女は一昨年6月日本で翻訳刊行された『脱北者』（晩聲《ばんせい》社）の著者・韓元彩《ハンウォンチェ》氏の娘さん（次女）であった。彼女の前にはこの本が置かれていた。

実は昨年のプラハ国際会議に私たちのNGOは国際人権活動家・金尚憲《キムサンホン》氏の抄訳《しょうやく》になる韓元《ハンウォン》彩《チェ》氏の英文手記（A4、43枚）を30部用意し、各国代表に手渡し、かつ壇上で紹介した経緯があったのである。私はとてもビックリし、かつうれしかった。彼女の証言が終わった後で、司会をしながら私はこの事実を会場に伝えた。

彼女は証言の最後で語った。

「私たちはなぜこのような苦しみの中で生活しなければならないのでしょうか。私の両親がどうなっているか気づかいだして4年になります。彼らがこうむった迫害と現在の境遇について、今も心配です。いい食事をするときなど涙なしでは食べられません。なぜなら私はいつも両親のことを思っていますから」

北朝鮮に強制送還された両親のその後について私たちはもっと関心を向けなければならないと切に思った。

■生体実験も決議に

生《なま》の証言の他にビデオによる伝達も重要な役割を果たした。今年は例年にも増して４本も上映された。脱北後、ソウルまでの亡命の失敗と、成功の２つのケースを紹介した「ソウル・トレイン」（開会式）、「死線を越えて（ＭＢＣ制作）」（２日目）、生体実験を報じたＢＢＣテレビ（３日目）、そして国際会議直前に日本で報じられた耀徳《ヨドツク》収容所の映像（同）。２月１日ＢＢＣが全世界に発信したものは55分にもおよぶ本格的なものであった。最終日の朝９時から10時までそれがまるごと紹介されたのは圧巻であった。権《クオン》ヒョク、李順玉《イスンオク》、金尚憲《キムサンホン》３氏が生体実験について証言したが、権《クオン》ヒョク氏がみずからの肩書きや直接それを見たという点で偽りがあるとしても、北朝鮮での生体実験は否定しようもない。私たちＮＧＯは金尚憲《キムサンホン》氏が今回明らかにした移管書（移送書）に関する資料を参加者に配布した。最終日に採択された決議の中にも「信頼に足る生体実験の諸報告に深い関心を払う」という形でそれは反映された。

2　EUとアメリカの役割

ヨーロッパで2回目の国際会議のせいか、韓国と日本の参加以外はヨーロッパとアメリカの機関とNGOである。言い換えればヨーロッパとアメリカのとりくみが中心になってきている証拠である。第2セッション（人間性に対する犯罪——惨《みじ》めさと恐怖）、第3セッション（国際社会と北朝鮮の人権）、第4セッション（今後の行動計画）の内容をEUとアメリカのとりくみに焦点を当てて報告しよう。

■EU外交と人権

一昨年EU諸国はフランスを除いて軒並《のきな》みに北朝鮮と国交を結んだ。その背景と原動力が何であったかは私自身まだ考えていない。

しかしEU諸国は経済や技術援助と共に必ず人権の改善を求めることが伝えられていた。この後者の面が昨年4月17日の国連人権委員会での初めての対北朝鮮人権改善要求決議案の共同提案国となって表れ、決議の採択に結実したのである。

いまあらためて昨年の決議（案）を見てみると、共同提案国はEU加盟国16をはるかに上まわる29カ国である。そして全てがヨーロッパ諸国である。まだＥＵに加盟していないポーランドの名も見える。ヨーロッパ全域が結束しての共同提案であった。

決議の内容も、北朝鮮における「組織的で広範囲にわたる、由々しい人権侵害」を指摘したレベルの高いものであり（強制収容所の存在の指摘を含む）、かつ既存の食糧、拷問、宗教上の不寛容さの３つに関する各特別報告官や拉致や恣意《しい》的拘留についての各ワーキング・グループの活用などを指摘した、とても具体的、実践的なものであった。

このような立派な決議が昨年４月に採択された経緯については長い歴史があるが、北朝鮮の人権問題に対するとりくみをＥＵ勢力が一挙にまとめ、決議案に集約してくれたことにいま注目したい。

この実績の上に今回ＥＵ議会の事務局長ブルーノ・ハンセス氏の報告「北朝鮮の人権に関するＥＵの努力」と、英朝議員連盟会長で上院議員のデイビッド・アルトン氏の報告「北朝鮮の人権を改善するにあたってのヨーロッパ諸国の役割」が実現した。２人ともＥＵ議会とイギリス議会を代表する人物であり、昨年訪朝している。

ハンセス氏は大略次のように報告した。

「ＥＵは98年から人権問題等に関して北朝鮮と対話を進めている。昨年12月にも食糧支援など人道問題について話した。人権問題はＥＵにとって重要課題であり、これからも北朝鮮と食糧、宗教、拷問の問題などについて対話を続ける。北は干渉を嫌がるが、人権が尊重されたら経済状態や社会状況もよくなるはずであり、北がさまざまな条約を批准することを望む」と。

食糧、宗教、拷問の問題とは先述した昨年の決議で、特別報告官云々《うんぬん》と述べた部分の実践である。

英のアルトン氏は脱北者の訴えを直接聞いたことが、北朝鮮人権問題に開眼するきっかけとなったと提出したペーパーに述べているとおり、また訪朝時に刑務所（収容所）の見学を求めて断られた経緯も明らかにしていて、北朝鮮の人権問題の所在が、脱北者の強制送還と収容所問題にあることを認識していた。

会場では2人に対して人権活動家から注文があいつぎ、私も「対話」で終わっている弱さを感じたが、ＥＵ諸国は数が多い。ボディー・ブローが少しずつ、きいていく感じがして、日本政府のいわゆる「包括的解決」策よりはるかに意味がある。

日本政府は拉致問題だけである。ＥＵは人権問題全般の解決を求めている。

■『隠された収容所』と自由化法案

ＥＵと比べてアメリカのとりくみは北朝鮮人権問題の根幹をついている。「北朝鮮人権のためのアメリカ委員会」は昨年10月北朝鮮収容所・教化所、集結所の実態を証言で暴《あば》く報告書『隠された収容所』をインターネットで世界に明らかにした。強制収容所の30枚の衛星写真と共に。その編著者デイヴィッド・ホーク氏が参加し、第60回国連人権委員会への戦術について語った。

また昨年11月アメリカ上院と下院に北朝鮮自由化法案が上程されたが、その法案の起草に参加した弁護士のタリク・ラドワン氏がその法案について解説した。

この法案は5つの課題から構成されているが、中心は難民救済と北朝鮮社会への外部情報の提供（対北ラジオ放送とラジオの提供）である。特に北朝鮮人を直接難民として大量に受け入れる法的整備が世界の注目を引いている。

強制収容所と難民、北朝鮮人権問題解決のこの2つの鍵にアメリカの人権団体と議員たちは真っ向から切り込みを開始した。

北朝鮮は人権決議全面拒絶

北朝鮮当局は2月4日、国連人権高等弁務室に対し、昨年4月17日採択の国連人権委員会決議を全面拒絶する回答を寄せていたことが、国際会議最終日に配布された国連人権委員会の資料（2月17日付）で明らかになった。

実はこの資料は何の説明もなかったので、その中身を知ったのは帰国後であった。

北朝鮮当局の拒絶の理由は、①体制の維持・独立こそ最優先、②〝人権〟に名を借りた政治的意図に反対、③二重基準（ダブルスタンダード）反対、というものであるが、9年前の見解と全く同じである（「真の人権を擁護《ようご》して」労働新聞、1995年6月24日）。9年前と全く同じということは驚くべき事実である。1997年以来の飢餓と世界の支援の受け入れ、1997年と98年の2度にわたる国連人権小委員会の対北朝鮮人権改善要求決議、ここ3年間のEUとの人権対話、これらの努力を全く無にする2つの顔。

北朝鮮こそダブルスタンダード（二枚舌）の張本人である。

3月15日から始まっている第60回国連人権委員会でEUが、昨年よりも進んだ北朝鮮人権特別報告官の任命を要求する決議案を上程すると伝えられている。昨年棄権にまわったアジア・アフリカ諸国が反対にまわらなければ可決である。正念場である。

3　ポーランド開催の巨大な意義

▩ヘルシンキ人権財団

第5回北朝鮮人権・難民国際会議をポーランド側で主催したのはヘルシンキ人権財団である。残念ながら（恥ずかしいことにと書くべきか）私はこの財団について無知であった。起源は1975年のヘルシンキ協定（西側のNATO条約加入国と東側のワルシャワ条約加入国との間に結ばれた協定）に遡《さかのぼ》る。この協定の中に人権条項が含まれていて、東欧が民主化を実現した元になったという。ポーランドがまだ社会主義圏であった当時は、この協定が遵守《じゅんしゅ》されているかを監視する活動、解放（民主化）後は人権と民主主義を旧東欧圏に普及するNGOとして最大の人権団体となっているという。10年以上の歴史をもつ。

もう1つの主催団体の北韓人権市民連合（韓国）は東欧やポーランドの民主化に貢献したヘルシンキ協定やこの財団に注目して、ポーランド開催を決めたようである。もちろんポーランドにアウシュヴィッツがあることもカウントされたであろうが。

ヘルシンキ協定に無知であった私にはポーランド開催の意義はアウシュヴィッツとの関連である。

■ヒットラーの『わが闘争』

金正日《キムジョンイル》がヒットラーの崇拝者だという指摘をどこかで読んだ覚えがあったので、2月の中旬から私は生まれて初めてヒットラーの『わが闘争』（角川文庫、上下）を購入して読み始めた。日本を出発する前に3分の2まで読み、飛行機の中でどうにか読み終えたが、予想に大いに反して、とても説得力のある内容であった。ユダヤ人はコスモポリタンで民族の基盤を掘り崩すから絶滅すべしという主張、アーリア人種とゲルマン民族が世界史で最も優秀であるという主張、テロに対してはテロで対処すべきという主張などを除いては。一般教育と専門教育の理解は、私の見解と全く同じであるし、インテリは教養はいっぱいあるが意志の力は弱いという主張はつい同意してしまいそうである。少なくともこの書が全世界の民族や宗教の単位を守ろうとしている人々のバイブルになる力をもっていること、日本の「新しい歴史教科書をつくる会」の人々を力づける本であることだけは間違いない。

そして大事なことは北朝鮮が「ウリ式社会主義」を守り抜こうとしているときに『わが闘争』が導きの書となることは、大いにありうることである。金正日が本書を愛読して活用してきたか否かは立証を要するが、彼が本書からたくさんのことを学び、生かしてきたことは大いに考えられる。宣伝の重要性、指導者の絶対化の必要性、敵対勢力の絶滅の必要性と、無慈悲にそれをやり抜くことの必要性など。私が今回学んだ大きなことは、ヒットラーや『わが闘争』を侮《あなど》ってはならないこと、すごい力をもっていること、もし金正日がヒットラーを尊敬し、彼から学んでいるとしたら、金正日を侮《あなど》ってはならぬことである。

金正日の書架に『わが闘争』があったことは成蕙琅《ソンヘラン》さんが『北朝鮮はるかなり』（文藝春秋）で指摘しているし、『わが闘争』が彼の愛読書であることは康明道《カンミョンド》氏が『北朝鮮の最高機密』（文藝春秋）で証言している。問題は彼が何語で『わが闘争』を読んだかである。朝鮮語（韓国語）版の『わが闘争』はいつごろ出版されたのであろうか。金正日は日本語版が読めたのであろうか。識者のご教示を乞《こ》う。

■アウシュヴィッツとの結合の重要性

国際会議が終わったあと私はアウシュヴィッツを見学した。アウシュヴィッツとその近くのビルケナウの収容所を見学して、私はナチの収容所についてはほとんど何も知らないに等しかったことを発見した。数年前に日本で上映された9時間もの記録映画『ショア』を観ていたにもかかわらずである。ナチの収容所をいま仮に〝アウシュヴィッツ〟という表現で代表させると、アウシュヴィッツの犯罪性はものすごい。私たちはアウシュヴィッツのものすごさを本気になって知らなければならない。

帰国後友人からフランクル著『夜と霧』も読むようにと言われた。学生時代にひもといた記憶はあるのだが、急いで1冊購入した。同じみすず書房から新訳も出ていたが、旧訳（霜山徳爾《とくじ》訳）には1954年に出たラッセル卿《きよう》のくわしい収容所の解説が60数頁も付してある。現地を見学してこの解説を読むと、この叙述のすばらしさがよくわかる。北朝鮮の強制収容所の廃絶を願う者は、この解説を読み、アウシュヴィッツのことをよく知る必要がある。それは両者を比較し、共通性とちがいを認識するためである。アウシュヴィッツを知るとき、両者を結合することの重要性がはっきり認識できるからである。少なくともいま言えることは絶滅（「最終的解決」）の共通性である。ユダヤ人の絶滅(ドイツ)と敵対階級の絶滅(北朝鮮)である。またもう1つ両者に共通するのは生体実験である。両者の比較を始めていくと、「現代のアウシュヴィッツ――北朝鮮」という規定がますますリアルになってくる。

ポーランドで北朝鮮の人権問題国際会議が開かれた巨大な意義は、われわれがアウシュヴィッツの認識を深めなければならないことを学んだと同時に、ポーランドの人々に北朝鮮の強制収容所の存在と実態を知ってもらう基礎をつくったことである。両者を比較するシンポジウムがワルシャワで何度も挙行される必要がある。そうなればアウシュヴィッツ収容所の前に北朝鮮の収容所を訴える掲示板が建てられる日が訪れる。アウシュヴィッツを見学する人は全世界から後を絶たない。その人たちがアウシュヴィッツで北朝鮮のアウシュヴィッツの存在を知ることができたら、その意義は巨大である。

金正日は『アンネの日記』の活用を始めた

帰国後報じられた驚くべきニュースをお知らせする。金正日が中学生に『アンネの日記』を読ませ、アメリカは現代のナチスであり、ブッシュはヒットラーだという教育を展開していることを、最近オランダのテレビ局が現地を訪れ、報じた。われわれの認識では、現在の北朝鮮こそナチス的収容所国家であり、金正日こそヒットラーである。金正日はそれを北朝鮮の子どもたちから覆い隠すために『アンネの日記』まで利用し始めた。まさに黒を白と言いくるめる手法である。われわれはこれを黙過《もっか》してはならない。今こそアウシュヴィッツの対比と結合を大々的に展開しなければならない。

資料1　中国当局が北朝鮮の強制収容所の存在を認めた資料

（2000年）

この一文は、中国の情報機関である国家安全部が２０００年６月に作成した極秘資料（「絶密資料」）である。「東京新聞」２００８年5月11日付が報道した。中国政府機関が北朝鮮の強制収容所の存在を認めていることを示しており、貴重である。

「政治犯管理局：朝鮮には10余個の政治犯強制収容所がある。朝鮮では〝第×号農場〟と称していて、咸鏡北道《ハムギョンプクト》の茂山《ムサン》郡、鏡城《キョンソン》郡、咸鏡南道《ハムギョンナムド》の耀徳《ヨドツク》郡と徳城《トクソン》郡、平安南道《ピヨンアンナムド》の价川《ケチヨン》市、平安南《ピヨンアンナム》道《ド》の東林《トンリム》郡などの地に別々に置かれている。現在これらの収容所に収容されている政治犯とその家族は30余万人に達している。」（「延辺地区、中朝辺境情況簡介」中国情報機関「国家安全部」作成「絶密」資料）

原文

「政治犯管理局：朝鲜設有一〇余个政治犯強制収容所、在朝鮮称〝第×号农场〟、分別設在咸鏡北道茂山郡、鏡城郡、咸鏡南道耀徳郡、徳城郡、平安南道介川市、平安南道东林郡等地。目前这些収容所关押的政治犯及其家属已达三〇余万人。」

資料2　日本版北朝鮮人権法

（2006年6月）

正式な名称は、「拉致問題その他北朝鮮当局による人権侵害問題への対処に関する法律」。2006年6月に成立した、奇跡のような法律である。自民党案（啓発週間の設定）、民主党案（全ての脱北者を対象）の良いところが皆ここに入った。横田めぐみさんのご両親が先頭に立って、NGO5団体が結束しての実現であった。この法律によって、国と自治体は、北朝鮮の人権問題の解決のため努力することを義務づけられた。実践が大事である。

（目的）

第一条　この法律は、二千五年十二月十六日の国際連合総会において採択された北朝鮮の人権状況に関する決議を踏まえ、我が国の喫緊の国民的な課題である拉致問題の解決をはじめとする北朝鮮当局による人権侵害問題への対処が国際社会を挙げて取り組むべき課題であることにかんがみ、北朝鮮当局による人権侵害問題に関する国民の認識を深めるとともに、国際社会と連携しつつ北朝鮮当局による人権侵害問題の実態を解明し、及びその抑止を図ることを目的とする。

（国の責務）

第二条　国は、北朝鮮当局による国家的犯罪行為である日本国民の拉致の問題（以下「拉致問題」という。）を解決するため、最大限の努力をするものとする。

2　政府は、北朝鮮当局によって拉致され、又は拉致されたことが疑われる日本国民の安否等について国民に対し広く情報の提供を求めるとともに自ら徹底した調査を行い、その帰国の実現に最大限の努力をするものとする。

3　政府は、拉致問題その他北朝鮮当局による人権侵害問題に関し、国民世論の啓発を図るとともに、その実態の解明に努めるものとする。

（地方公共団体の責務）

第三条　地方公共団体は、国と連携を図りつつ、拉致問題その他北朝鮮当局による人権侵害問題に関する国民世論の啓発を図るよう努めるものとする。

（北朝鮮人権侵害問題啓発週間）

第四条　国民の間に広く拉致問題その他北朝鮮当局による人権侵害問題についての関心と認識を深めるため、北朝鮮人権侵害問題啓発週間を設ける。

2　北朝鮮人権侵害問題啓発週間は、十二月十日から同月十六日までとする。

3　国及び地方公共団体は、北朝鮮人権侵害問題啓発週間の趣旨にふさわしい事業が実施されるよう努めるものとする。

（年次報告）

第五条　政府は、毎年、国会に、拉致問題の解決その他北朝鮮当局による人権侵害問題への対処に関する政府の取組についての報告を提出するとともに、これを公表しなければならない。

（国際的な連携の強化等）

第六条　政府は、北朝鮮当局によって拉致され、又は拉致されたことが疑われる日本国民、脱北者（北朝鮮を脱出した者であって、人道的見地から保護及び支援が必要であると認められるものをいう。次項において同じ。）その他北朝鮮当局による人権侵害の被害者に対する適切な施策を講ずるため、外国政府又は国際機関との情報の交換、国際捜査共助その他国際的な連携の強化に努めるとともに、これらの者に対する支援等の活動を行う国内外の民間団体との密接な連携の確保に努めるものとする。

2　政府は、脱北者の保護及び支援に関し、施策を講ずるよう努めるものとする。

3　政府は、第一項に定める民間団体に対し、必要に応じ、情報の提供、財政上の配慮その他の支援を行うよう努めるものとする。

（施策における留意等）

第七条　政府は、その施策を行うに当たっては、拉致問題の解決その他北朝鮮当局による人権侵害状況の改善に資するものとなるよう、十分に留意するとともに、外国政府及び国際連合（国際連合の人権理事会、安全保障理事会等を含む。）、国際開発金融機関等の国際機関に対する適切な働きかけを行わなければならない。

（北朝鮮当局による人権侵害状況が改善されない場合の措置）

第八条　政府は、拉致問題その他北朝鮮当局による日本国民に対する重大な人権侵害状況について改善が図られていないと認めるときは、北朝鮮当局による人権侵害問題への対処に関する国際的動向等を総合的に勘案し、特定船舶の入港の禁止に関する特別措置法（平成十六年法律第百二十五号）第三条第一項の規定による措置、外国為替及び外国貿易法（昭和二十四年法律第二百二十八号）第十条第一項の規定による措置その他の北朝鮮当局による日本国民に対する人権侵害の抑止のため必要な措置を講ずるものとする。

附　則

この法律は、公布の日から施行する。

北朝鮮人権NGO連絡先

NO FENCE（北朝鮮の強制収容所をなくすアクションの会）

〒102-0093
東京都千代田区平河町1-5-7-203
http://nofence.jp/
E-MAIL：nf-staff@netlive.ne.jp

北朝鮮帰国者の生命《いのち》と人権を守る会

〒581-0868
大阪府八尾市西山本町7-6-5　3F
http://hrnk.trycomp.net/
TEL/FAX：072-990-2887

小川晴久（おがわ　はるひさ）

1941年生まれ。NO FENCE（北朝鮮の強制収容所をなくすアクションの会）副代表。北朝鮮帰国者の生命と人権を守る会 名誉共同代表。梅園学会代表委員（会長）。東アジア思想史研究者、東京大学名誉教授。

著書
『北朝鮮　いまだ存在する強制収容所』（草思社、2012年）
『朝鮮文化史の人びと』（花伝社、1997年）
『三浦梅園の世界』（花伝社、1989年）ほか

訳書
ミネソタ弁護士会国際人権委員会、アジアウォッチ『北朝鮮の人権――世界人権宣言に照らして』（共訳、2004年、連合出版）
デビッド・ホーク、北朝鮮人権アメリカ委員会『北朝鮮　隠された強制収容所』（共訳、2004年、草思社）
姜万吉『韓国近代史』（高麗書林、1986年）ほか

装幀　鈴木 衛（東京図鑑）

北朝鮮の人権問題にどう向きあうか

2014年8月22日　第1刷発行

定価はカバーに表示してあります

著　者　小　川　晴　久
発行者　中　川　　進

〒113-0033　東京都文京区本郷2-11-9

発行所　株式会社　大月書店

印刷　三 晃 印 刷
製本　中 永 製 本

電話（代表）03-3813-4651　FAX03-3813-4656／振替 00130-7-16387
http://www.otsukishoten.co.jp/

ISBN978-4-272-21109-8　C0031 Printed in Japan